世纪波
Century Wave

Workplace Poker

Are You Playing the Game, or Just Getting Played?

职场思维

加速职业成功的技能、策略和见解

[美] 丹·拉斯特（Dan Rust）著
刘薇娜 李惠英 译

電子工業出版社
Publishing House of Electronics Industry
北京·BEIJING

图书在版编目（CIP）数据

职场思维：加速职业成功的技能、策略和见解 /（美）丹 • 拉斯特（Dan Rust）著；刘薇娜，李惠英译. —北京：电子工业出版社，2018.3
书名原文：Workplace Poker: Are You Playing the Game, or Just Getting Played?
ISBN 978-7-121-33227-2

Ⅰ. ①职… Ⅱ. ①丹… ②刘… ③李… Ⅲ. ①职业选择－通俗读物 Ⅳ. ①C913.2-49

中国版本图书馆 CIP 数据核字(2017)第 306151 号

策划编辑：晋　晶
责任编辑：杨洪军
印　　刷：北京虎彩文化传播有限公司
装　　订：北京虎彩文化传播有限公司
出版发行：电子工业出版社
　　　　　北京市海淀区万寿路 173 信箱　邮编 100036
开　　本：720×1000　1/16　印张：16.75　字数：237 千字
版　　次：2018 年 3 月第 1 版
印　　次：2020 年 10 月第 3 次印刷
定　　价：56.00 元

凡所购买电子工业出版社图书有缺损问题，请向购买书店调换。若书店售缺，请与本社发行部联系，联系及邮购电话：（010）88254888，88258888。
质量投诉请发邮件至 zlts@phei.com.cn，盗版侵权举报请发邮件至 dbqq@phei.com.cn。
本书咨询联系方式：（010）88254199，sjb@phei.com.cn。

前言

回过头来看这件事，我觉得那时的自己真傻。当时公司里关于裁员的流言四起。过去六年里，我两次收到上级指示，要求我精简所在部门的人员。但是，我当时并没有收到类似的指示。

所以，当周一早晨“与人力专员见面”的安排突然出现在我的日程表上时（见面安排在周五早晨 7:30，当天正巧是薪水结付日），我以为他们很可能会选择在周五进行裁员，而这次会议是通知具体的细节。作为一名高管，我与很多团队有合作，我需要了解哪些人将不再与我们部门有交集。

有那么一瞬间，我自己有点儿神经质，不禁怀疑：他们会不会解雇我？可能性不大，但是以防万一，我是不是应该将公司笔记本电脑里我想保留的资料拷贝一份？我是不是应该完善一下自己的简历及领英里的自我简介？不。八年里我参与了很多关键项目，我的表现一直稳定，承担的职责从未减少，公司在我的职业发展上投入了很多，从商业角度看，解雇我这个决定并不合理。这些就是我的真实想法。不是我。不可能。

结果！

周五早晨 7:30，人力专员和两名“不速之客”准时出现在我的办公室：人力资源部的副总裁和保安劳瑞德（Lloyd）。这完全是意料之外的事情，毫无头绪的我还开玩笑说：“哇哦，人力和保安同时出现，估计是没什么好事儿……嘿嘿……”

一阵沉默。人力资源部副总裁拿着一摞纸。人力专员轻微咬着下嘴唇，让我知道她能对我的痛苦感同身受，她说："我们要撤掉你的职位。"你必须深爱人力资源——他们一直伴你左右，直到他们不再为你服务。脑袋一阵眩晕，她讲的大部分内容我都没有听到，她拿走了公司为我配备的笔记本电脑，然后看着我将个人物品放入纸箱里（他们拿过来的）。不到 20 分钟，我在保安劳瑞德的"陪伴"下走进了电梯。

正如我所说的，回想一下，这件事情非常明显。我本应该觉察出其中的端倪。事实上，在职业生涯的早期，我工作的公司突然倒闭时，我就发誓一定要对失业保持高度敏感。所以，对于自己合理程度的神经质，我一直都引以为豪。我总是观察同事在工作中的互动方式，留意及倾听我所谓的"游戏背后的游戏"。突然失业会让我有挫败感，更糟的是，这是因为我没有认真玩游戏——我被耍了。当然，即使我提前意识到了，也很可能不会有任何改变，但是，至少我有更多的时间去准备，不会像当时那样愚蠢。

我在车里坐了几分钟，思考这所有的一切。当我想到那些办公室里有窗户的人可能正在向下盯着我看时，我就赶快把车开出停车场，漫无目的地开了一个多小时，思考我该如何告诉妻子"我失业"的消息。

残酷的现实开始涌进我的生活。现在我是一名失业的公司培训高管，经济疲软。过去三个月中，我曾与三位旧相识聊天，他们都是公司的培训高管，也都刚刚失业。在我们谈到公司艰难时期总是要精简培训部门人员的事情时，我曾对此表示同情。他们甚至难有面试机会，而且据我了解，其中两个人比我经验丰富。现在我也成为他们中的一员了。

那天 50 多个人被裁员了。我们约定要保持联系，互相帮助，以及当人们对未来担忧时会承诺的所有事情。90 天后，50 人中只有 17 人再就业。一位高管抱怨自己被"无知的"、年龄只有自己一半的"孩子"面试。那对他来说太尴尬了，所以他决定放弃，提前退休，即使自己并没有提前退休的资本。我们不再聚在一起，因为气氛太压抑，我们通过在领英中组建“校友群”的方式保持联系。六个月过去了，一半以上的人重新找到了工作，但大多数人都不得不接受低薪的条件或接受自己并不喜欢的工作。

很少有人能够让自己的事业前进一步：承担更多的职责，拿到更高的薪水。很幸运，我就是少数人中的一位。秘诀就是：在记录哪些人找到了新工作的过程中，我清楚地了解了这些人：他们的能力、职业道德和可靠性。我知道谁的工作能力突出，而谁的能力一般。但是，实际的工作表现似乎与找到新工作的速度关系不大，与他们是否必须在紧缩的就业市场中降低自己的薪资要求的关系也不大。回想那些没有被裁掉的人员，很多人的工作能力其实并不如离职人员的能力。在裁员那个决定性的一天里，一些人的职业轨迹就这样停止了，另一些人的也只是保持平行状态，很少有人的职业轨迹是向上发展的。而这些不同的结果与技能、经验、志向和工作的努力程度没有任何联系。那么，区别到底是什么？这就是本书的核心内容。

本书介绍了一系列技能、策略和独到的见解，可以帮助你超越才能、志向和工作努力的局限，加速推进你的职业发展。工作能力突出是必要前提，没有灵丹妙药可以“治愈”能力不足（除非付出努力提高自身能力）。但是，在现在的职场中，每个人的工作能力和动机都“足够好”。

不管是由于经营不景气、项目失败、突如其来的失业，还是其他的困难，大多数人的职业都经历过停滞不前的状况。但是，成功人士还能在困境中加速自己的职业发展。其他人会遭遇减速带，但他们不会。成功人士总会敏捷地躲过射过来的子弹，而其他人则毫无悬念地中弹，奥秘就是这些成功人士是职场游戏中的高级玩家。

如果你才能出众、雄心壮志且工作努力，但职业发展速度与之不成正比，那本书就是为你而作。

如果你对于其他人（能力不足且不如你工作努力）职业发展迅速而自己却停滞不前充满挫败感，那本书就是为你而作。

如果你烦恼于他人因为名牌院校毕业、家族关系或财政资源而小有成就，那本书就是为你而作。

请注意：如果你恰巧有着高学历背景或特殊的家族关系或信托基金，请放下这本书（它无非是将大量文字堆积在一起），转身离开。因为你看不到任何有价值的内容。

在此说明一点，本书并不是一本充斥着操控、共谋和陷害策略的书，也不是一本指导你将职业道路上的其他人排挤出局的书，更不是一本空谈理论的书。积累了 30 多年涉及职场中各行各业的观察和经验，才是本书的创作基础。我有幸与来自世界各地上百家公司的千名员工相处、共事，从阿拉伯到新加坡，从加拿大和美国到欧盟和澳大利亚。

我的工作室和个人辅导的关注点一直都是提高实践技能以增强个人的职业潜能。所以在本书中，你会读到很多关于工作室和职业辅导的内容，但最多的还是应用这些技巧、技能和策略的成功人士的案例，本书中最精彩的内容就来源于他们，而非我个人。能够遇到这些成功人士、请他们分享自身的想法和见解是我莫大的荣幸。

美中不足的是，真正精彩刺激的故事是关于极其复杂的就业（或突然失业）问题，而这些问题通常比较敏感，很多故事的主人公为了维持自己与老板和同事的关系要求匿名。所以我将全部故事的贡献者放入了作者的证人保护项目中。他们能识别出自己，但对名字、地点和其他细节我做了很大调整，以保护无辜者及那些“罪恶深重”的人们。

当遇到实现**职业轨迹**加速向前发展的人，我通常会提出这样的问题：“除了才能出众、雄心壮志和工作努力，你的成功还有什么秘籍？”

在本书中，你会找到很多他们的成功秘籍。

你能够学到**如何超越世界级扑克玩家，读懂他人**。你能够学会如何探测办公室政治中的地雷，了解大多数公司里存在的“**游戏背后的游戏**”。你会看到超级成功人士如何应对失败。我们不会以自助式的“只要追逐你的梦想”的方式处理挫折。相反，我们会从尖锐、深入的角度去探讨职业碰壁时你应如何做出反应。

你将学会如何有效提升自身技能，如何在工作中突出自己的贡献而避免成为那些无时无刻不在吹嘘自己的人。（我鄙视那些人。）如果我们不“宣传”自己的贡献，悲惨的事实就是那些人将得到超出正常程度的认可和奖励。再也不会出现这样的情况，起码在你读完这本书之后不会。

本书将帮助你扫除盲点，培养见微知著的能力。你将具备识别出自己在何时、何种情况下是在破坏自己的职业发展的能力。你将会提高自身的情绪恢复能力，同时也可以增强对周围人员的敏感性。你将学会与职业相关的最佳决策能力，如何精力充沛地应对职业困境，在遭遇挫折时如何重新振作。

你甚至能够学会提高自己在职场中的魅力。

确实是这样。

在本书中，我会处理一些最常见的职业发展的停滞情况，带领你学会应用职场中核心的**扑克技能**。通过建立自我认知，培养快速、有效地应对困境的能力。这种能力包括：

- 如何与能力不足的上司共事；
- 如何处理复杂的办公室政治；

- 在晋升机会有限的情况下，如何与有野心的同事合作；
- 如何与窃取你的劳动成果或拿你做挡箭牌的同事相处；
- 面对突出其来的解雇，如何应对及如何快速重回正轨；
- 如何做出有利于职业发展的最佳决策；
- 如何从关于职业的不利决策中恢复；
- 如何准确识别并应对职业偏离正轨和停滞不前的情况。

这都是非常严肃的内容，但我却无法保持长时间的严肃。所以，请读者要有心理准备，除了实践技能和有教育意义的故事，你还会看到愤世嫉俗的言论及灰色幽默。

我讨厌冗长的前言，所以现在就请开始阅读第 1 章吧！

目录

第 1 章

独轮车上的扑克游戏

我人生中最深刻的商业教训发生在20年前圣地亚哥（San Diego）北部跑马场附近的一个酒吧里。外面阳光明媚，但酒吧的灯光略显昏暗，我与六名男性、两名女性一起坐在最暗的角落里。即使灯光很昏暗，我还是能够看到他们脸上表现出来的焦虑。

我工作的公司就是在那天早晨突然倒闭的。我们到公司之后发现大门紧闭，玻璃门内贴着一张纸条，写着“公司歇业”。第二天就是结薪日，所以那天早晨大家一直在打电话，想要得到公司的解释及能够得到最后的薪水的保证。虽然打给总部的电话没有人接听，但是个别打给其他区域分公司的电话还是接通了。没有人了解到底发生了什么事情。最终我们知道将近一半的区域分公司也关门了。其余的分公司接到指示要“照常营业”，并且尽可能避免与来自关闭的分公司的人员接触。所以没有人愿意与我们交涉。他们即使接了电话，也不知道实情。经过一个早晨的紧张，酒吧很自然地成了一些人聚会和思考的最佳地点。

我们一直都没有得到最后的薪水。后来我们发现，公司一年前就已经将一半的区域分公司独立出去，转手给了不同的所有人。那些恰恰就是突然关闭的分公司。一些人用了几年的时间想要找出分公司老板，拿回自己应得的薪水，但是据我所知，没有人追回一分钱。

我们这个经历了悲伤和失落的各种阶段小团队，在酒吧里度过了几乎整个下午。第一次被否定时，桌子上摆着桶装的进口啤酒。“这一定是个误会。我知道他们为什么关了奥斯汀（Austin）和俄克拉荷马城（Oklahoma）的公司，但是圣地亚哥的——不可能！”

龙舌兰酒里掺杂着愤怒，一饮而下。龙舌兰是个好东西。“那些在公司里喜欢拍马屁的人统统都是傻子，年轻人都要把事情搞砸！”

大声讨论随后开始了，掺杂着由杜松子酒、威士忌、伏特加和白葡萄酒带来的混乱。（我们正处于 20 世纪 80 年代末，所以请收起批判的态度。）“如果我们削减运行成本、减少加班，那公司完全具有盈利空间！”

我们从没有真正进入接受现实的阶段。某一轮的白兰地是我埋的单。这时候托尼（Tony）进来了，直奔我们这桌。有人看着他，含糊地喊道：“该你……买……买单了。”

托尼说：“抱歉，我不能。今天下午我还有几个面试。”

他微笑着站在我们面前，穿着笔挺的西装，神采奕奕。我们所有人都安静地盯着他，就像在动物园看到一只奇怪的动物一样—— 一只红眼睛的斑纹貘或者五条腿的豹猫。任何体面的团队都会鼓励他，为他感到高兴，但我们给他的只是：“搞什么鬼！”

托尼是一名电话销售员，在公司处于相对较低的阶级地位，他大部分时间都在小隔间里给潜在客户打电话。虽然大家工作中与他接触不多，但我们都喜欢他。他总是在埋头苦干，而且似乎总是保持一个好心情。

他和我们坐在一起，向服务员要了一杯冰水。他喝着那愚蠢的水，用他那令人讨厌的充沛精力想要使我们振作起来。当有人问他如何快速拿到面试机会时，他回答：“真的不快，我已经为这些面试准备一段时间了。”

“这些面试？意思是不止一个？”我问道。

“是的，在工作的时候，我就得到了几个不错的机会。今天下午的面试是第三个，我觉得他们今天会给我录取通知书。”

我们看着他，就好像看到豹猫又长出了一条腿。“搞什么鬼？”有人重复道，这句话本应该由我来说。

“拜托，大家，”托尼说，“这对你们来说应该不是什么惊奇的事。唯一应该奇怪的事就是他们居然花了这么长的时间关掉公司。”接下来，他开始描述过去一年中的所见所闻，如何让他预见我们公司和其他七个区域分公司的命运。所以他早在几个月前就已经开始面试新公司了。

托尼似乎知道了他不可能（或不应该）知道的事情。他知道区域分公司在盈利上的排名，尽管公司总部对这样的信息严格保密。他清楚我们区及其他七个区域分公司实际上是由独立的法人实体所有的。他也清楚我们的一些竞争对手曾经听到过关于公司即将合并及高价值的房产可能会低价出售的流言，因为创始人想要在离婚前尽快“套现”。因为要赶去面试，托尼没有时间解释自己是如何获得这些信息的。

在他离开时我们祝他好运，他一走出酒吧，我们就非常卑鄙地将他“五马分尸”。“你觉得他睡了总部的谁？”有人问道。我们继续喝酒，高兴的时光很快就结束了，酒钱翻了两番（女士们不再享有免费的酒了）。那时，我们一致认为托尼之所以能得到了这么多的内部消息，一定是干了违法或不道德事情，但同时我们希望自己也能够这么快就得到面试机会，有更高水平的职位当然更好，或者有其他类似的自以为是的想法。

几周之后，我和托尼一起吃午饭。那时，酒精的作用早已褪去，托尼作为电话营销经理在新公司里工作得非常开心。而我，开始将无数封简历递交给各种潜在雇主。我的头脑很清晰——失业的恐慌会让你保持清醒——我也想更多地了解托尼是如何提前预见麻烦的。

我们进行了一次长时间的谈话，非常具有启发性，但这里我只进行简单的概括。托尼没有与总部的任何人上床，也没有特殊权力可以获取到其他人无法获取到的信息。但他关注的方式是其他人无法做到的，他注意到的、寻找的事情是其他人所忽略的。

托尼跟我说了他对很多同事的观察。他注意到了他们的个人处事风格、激励他们的因素及他们的决策方式。

“你有没有注意到区域经理在说话时非常谨慎，而副总则更开放，跟我们说话也很随意，就像普通人一样？”他问。我点头，我喜欢副总的性格和处事方式。“我认为是因为经理不想传递给我们错误的信息，所以他很谨慎地选择用词。但副总，只要是需要，他说什么都不会觉得别扭，面带微笑，不管是否是事实。”

我很惊讶，托尼和我对这两个男人的看法如此不同，而且很显然他的看法更准确。一个大部分工作时间都在小隔间里的男人，与其他人几乎没有接触，居然有心思去想这些事情。除了这些思考，他的眼光如此敏锐，能够如此深入地去看这些人的性格和特征，这着实让我吃惊。

另外，托尼也仔细观察了我们的一些主要领导者与员工沟通和互动的方式，所以当他们发放备忘录、讲话或到办公室看望员工时，托尼一直在体会领导的言外之意，努力辨别出官方讲话背后隐藏的事实。他在向我描述这些事情时，并不是以一种评判或批判的态度。要说他的态度与冷漠无情——好像心理医生分析坐在沙发上的病人——有什么不同的话，他仅仅是仔细观察和记录了他们的行为。

在我们公司最后一次节日派对上，托尼注意到创始人的妻子缺席了，但她过去一直都全程参与整个策划过程，而且总作为重要人物出席类似的活动。我们了解到的是她身体不舒服。托尼没有相信，特别是在他见到创始人那位年轻可爱的新“助手”时。

当公司的一些关键员工跳槽到对手公司后，托尼与他们的友谊并没有受到影响，所以能够随时了解对方公司对我们公司的看法。有时，竞争对手比本公司员工更早地知道公司内部的情况。

当薪水的支票突然由新银行开具，支票上显示的公司名字还略有不同时，我们只是感到奇怪，但也一笑了之了。而托尼不同，他进行了一些调查，找出了变化背后的原因——公司已经分成了两个独立的公司实体。日常运行没有任何改变，所以我们根本没有注意到。但当我们想要拿到最后的薪水时，这就有关系了。

之所以与你分享这些细节，我并不是为了回顾二十多年前的痛苦经历。于此，我有私人治疗师。我的目的是要强调我从托尼那里得到的经验教训。他对我们工作环境的深入理解让他提前做了全面的准备、计划，躲过了事件突然转折的袭击。我们大部分人都用了好几个月的时间找工作（而且我们被迫做出了妥协），托尼却可以从高起点、积极主动地找工作。就是在那一天，我看到了托尼的洞察力的价值，于是我开始紧密关注我的同事。

几年来，我遇到了更多的“托尼”，他们努力进一步地了解自己周围的同事，有着自己的为人处世之道，能够有效判断办公室政治，所有的这些特点都有助于他们对自己公司里的特定文化有一个准确、深入的理解。我将这种能力——其实是多种技能和能力——看作职业成功的唯一的可靠前提。

我们很容易将读懂他人所需的能力简单化。人类是复杂的生物，如果要真正认识到一个人的动机、恐惧、欲望、需求、观念、习惯和态度，我们势必会看到他与生俱来的不完美。这就是为什么这么多的人会忽视人类行为背后的真实情况。埋头苦干，希望这就足够了，做到这一点也很容易。但这恰恰不够。

但在这种复杂中又生出了一个机会。这就是为什么要高薪聘请陪审团顾问预测潜在陪审员的思维模式，为什么成功的谈判家在关注条款的同时也重视心理活动，以及为什么能够看穿对手心思的扑克玩家才是大赢家——他们有时甚至能赢几百万美元。

比扑克牌游戏更难

扑克大师的技巧并不是读牌，而是读人。真正掌握识别牌局中对手所传达出的“话语”的能力，这几乎需要耗费一生的时间。尽管难度很大，但与在日常工作中读懂他人相比，扑克牌局中的这种情况还是相对简单的。

在扑克牌局中，每位玩家都有相同的目标（赢得最多的钱或筹码），并且都会坚持某一种特定的结构。游戏规则很清晰，拿到每张牌的过程都相同——玩家们按照之前确定的顺序下赌注，等等。阅读其他玩家的面部表情和肢体语言的目的就是要回答一个问题：他们到底有几分是在虚张声势？欺诈行为固然不正确，但在牌局中还是无法避免的。一旦确定谁在欺诈，惩罚就会相当严厉。

由于人类是复杂的情感和心理动物，每个人都有多重的甚至矛盾的动机，所以在工作场合，事情的可预见性低，而且更为复杂。职场中的扑克游戏，赌注一般都很高，每个人都有过虚张声势的情况，而且作弊者有时是赢家。游戏规则有时不是很清晰，而且会随时变化。就像骑着独轮车玩扑克，而一只手又在逗小猫。

在职场中，一个人的动机并不是赢得最多的筹码，而是：

- 赚更多的钱
- 多陪伴家人
- 受到同事的欢迎
- 得到上级的更多尊重
- 减少工作量
- 取得更大成就

同时

在以上动机中，有些存在着明显的矛盾，但这就是我们大多数人成长、发展的基础。我们想要经历不同的事情，成为不同的人；在任何既定时刻，我们最强烈的动机的中心就是我们现在缺少的东西或感觉不可能完成的事情。你正在争取的升职（不确定）是比获得年度奖金（基本确定）更具决定性的动力。

我们最想要的恰恰是不完全在我们掌控中的东西。

所以，当你想要了解一个人的最强动机时，问问自己他们想要但目前不大可能实现的东西是什么。我们通常不会与他人公开分享这些最深的动机。

野心勃勃的人通常装作对职业发展漠不关心。（“我对做好这项工作充满激情，真的没有关注其他的。”）而事实是，他们对自己的职业生涯规划就像玩国际象棋一样，总是会预先计划好三四步。他们最强烈的欲望就是在职业阶梯上再上一步。

那些总在担忧失去工作或工作中某些重要的东西的人，如地位、奖金、影响力等，一般都会过度隐藏他们的不确定性。（“我一点儿也不担心。任何事情的发生都是有它的原因。”）

渴望得到更多人认可的人会不遗余力地认可他人的成就。当他们真的得到他人的认可时，他们表现得又很谦虚。（“不是我，这完全是团队力量。”）事实上，他们内心最深处的动机，就是关于他们自己。

当他人的动机复杂、矛盾，而且他们不大可能说出自己非常重视的某些欲望/心愿/需求时，我们又如何了解他们的内心呢？

首先，最简单又非常重要的一步是：花时间去关注。我是认真的。**花时间去关注**。

我们总是很忙，忙着开会、发邮件、做项目、做展示及完成其他紧急任务，谁又有时间倾听同事说话，体会他们没有说出的话，或揣测他们表达的信息背后的信息呢？我们固有的思维是，不需要太过努力地了解他人，他们应该努力让我们了解。

“我没有时间去‘阅读’他人。”一位忙碌的财务总监曾经对我说，“如果有想法，我希望他们能够主动与我分享。如果他们不敢告诉我他们的想法，那说明这本身就不重要。”不必说，他并不擅长阅读他人。

现实是，阅读他人没有花费更多的时间，倒是耗费了更多的精力（精神和情感），而且由于结果的不确定性，也没有目标完成时的“啊哈”时刻，所以这会有些令人沮丧。突然间要成为一名“读心者”，也不知道自己能够做到何种程度，这会让你觉得无所适从。但如果你选择了忽略，或者仍旧采取埋头苦干的工作方式，那你就将职业发展置于风险之中了。

如果你不擅长阅读他人，那你正在爬的职业梯子就是不稳定的。

你被蒙住了双眼。

赖安·霍尔库姆（Ryan Holcombe）是塞恩物流公司（Thane Logistics）的市场销售部经理，公司位于马萨诸塞州（Massachusetts）的沃尔瑟姆（Waltham）。没有人质疑他的职业道德和能力，只要有任何重要的营销项目，在预算紧、时间短的情况下，公司一定会指派他作为项目负责人。赖安有野心，自认为只要努力工作，自己就一定能升职，但最近的两次机会他都错过了。在这两种情况下，赖安都被告知，自己是一名非常具有竞争力的候选人，但公司已经找到了更符合这项工作要求的人。赖安一直在做思想斗争，不想成为一名糟糕的队友，努力站在他们的角度看问题。当他认为自己更适合这个新职位时，他真的认为自己是客观的。两次都是如此。想要缕清这其中的缘由是一件很让人挫败和分心的事。所以，他最后还是回到以前的状态，闷头工作。值得一提的是，他从来不会让这种挫败感影响自己的工作质量。

当第三次机会摆在赖安面前时，出于一种责任感，他通过内部应用系统递交自己的简历，同事知道后，提醒他说：“他们不会让你放手现在的工作的，这么做的风险太大。”

同事继续解释，就赖安现在的职位来说，之前的两位前任都犯过非常严重的错误，导致公司损失几十万美元。在所有人的印象中，赖安是第一位有能力同时管理这么多分散的营销项目，而且不超时、不超预算的人。由于之前的错误，赖安现在的经理差点儿丢掉自己的工作。所以，因为赖安表现出众，他的工作绝对有“保障”，但是在塞恩物流公司，他不会有任何发展机会。

刚刚得知的新消息完全改变了赖安的看法。他没有感到高兴，但不管怎样，事情总算说通了。失去两次升职机会，他对这个结果和背后的原因并不满意，但他至少不再感觉不可思议了。离开塞恩物流公司，这对赖恩来说是一件轻而易举的事，但他真的很喜欢公司及其文化，而且通勤很方便，他想在这儿长期发展。

赖安从来没有过多思考过“办公室政治”或同事们内心隐藏的动机，但是这次的经历就像一盏明灯，为他指明了方向。“就像国际象棋比赛，我突然间意识到还有一场完全不同的游戏隐藏在你正在参与的游戏背后。”

赖安决定弄明白如何玩这场“游戏背后的游戏”，所以，他没有立刻申请第三次机会，而是开始研究参与决策过程的每一个人。他与频繁接触这些人的其他同事聊天，在会议上及其他互动过程中仔细观察这些人。

赖安参与到很多谈话中，提出了很多有价值的问题，仔细倾听说出来的和没有说出来的话语。我们不再去研究赖安所做的事情的细节了，我们只对他最终会明白的道理做一个总结。

是的，他的经理对于赖安离开当前职位感觉非常不安，但她不会承认这一点。

另外，经理刚刚生了第二个孩子，而且这个孩子有非常严重的健康问题。她的大部分精力自然是放在孩子身上，所以，她不会让员工变动给自己带来麻烦。

他的经理现在不仅筋疲力尽，压力很大，还要努力把这些情绪隐藏起来。她不想因为自己是公司中的“薄弱环节”而使职业生涯走下坡路。

但他的经理并不是唯一的障碍。赖安开始明白，自己“充当公司运行动力”的这种能力让公司领导层把自己定位在了战略执行者，而不是策略和创新性的思考者的位置。

塞恩物流公司的领导层在每一位新晋中层员工中寻找的核心技能之一就是策略和创新性思维。这一点并没有在正式的职位描述中出现，但这的确是他们的重点关注点。

所以赖安明白，自己需要解决两个问题：

（1）帮助经理接受自己向新角色的转变。

（2）帮助塞恩物流公司其他领导树立对自己策略和创新性思维能力的信心。

赖安的振奋人心的“啊哈”时刻是他意识到自己需要首先解决第二个问题，然后再（或者同时）解决第一个问题。他很容易陷入只解决与自己的经理相关的问题的陷阱，然后在第二个问题上碰壁。

我会和你分享整件事的解决方法，但你学到的经验教训并不在这个案例的结果之中。从这个案例中总结出的主要教训是，在不了解真实情况的前提下，赖安如果解决他并不真正了解的问题，他将把自己逼疯。

曾经有许多职业问题困扰你，或许是因为你努力解决的根本就是你并不真正了解的问题。

赖安努力获得了经理的信任，她开始对他放下一些戒备，与他分享自己工作中的挫折。赖安同意帮经理承担一部分工作，特别是要求他利用策略和创新性思维能力的项目。他向她保证自己不会“抛弃”她，这次谈话同时也明确了另一点：经理要与赖安合作，帮助他成长，否则他可能会突然跳槽，她最终会失去他。对于经理的职业生涯来说，这明显是最坏的结果。他没有威胁她，不过是利用了她的恐惧让她做对自己有利的事情。赖安在新项目上的工作给了他更多与塞恩物流公司领导接触的机会，最后他得到了升职。从此，他和经理都过上了幸福快乐的生活。

你的情况可能没有这么复杂，也可能更复杂。除非你开始深耕事情表面之下的真实情况，否则无法知晓。所以，我们假设，你愿意在自己的谈话及工作的其他互动中投入更多的态度精神和情绪上的精力。开始做这些时，你更希望自己保持中立、公正的态度。

成为珍妮·古道尔

如果你要对同事的动机和行为倾向进行更深入的探究，就必须让自己的情绪反应最小化，同时摒弃任何先入为主的想法、判断和期望。如果你已经和这些人共事了一段时间，那做到这一点会有难度，因为你已经有了先入为主的看法。

在你确定某人“很友好”或“是个浑蛋”，“是被动攻击型人”或“是虚伪的人”，或者做出任何判断评价或情绪化反应的那一刻起，你就失去了看清对方的最佳机会。即使积极的情绪，它也会影响你思路的清晰度。人们会快速做出判断，或者在情绪上做出较强的反应，然后就被这些判断和反应蒙蔽了双眼。

高度自信的人会被他们认为自己能够给周围人留下深刻印象的这种确定

性蒙蔽；胆小、害羞的人会被他们整日担忧他人对自己的看法蒙蔽。如果出现下列感觉，你的观察和评价就会出现偏差。

- 印象深刻。
- 恼怒。
- 恐惧。
- 有偏见。
- 受到吸引。
- 蔑视。
- 尴尬。
- 沮丧。
- 不确定。
- 神魂颠倒。

列表可以一直写下去，但你应该了解这其中的用意。你必须成为一名理性的职场行为观察者，把自己看作公司里的珍妮·古道尔，把办公室作为黑猩猩的自然栖息地，观察生活在其中的“黑猩猩”的行为。珍妮不会对它们的行为做出任何评价，只是进行观察。如果一个黑猩猩不断地向其他猩猩挑起战争，她会如实把这一情况记录在工作日志中。她好奇、专注，但绝不会带有任何偏见。即使黑猩猩抛弃了它的孩子或者由于一时暴怒杀死了孩子，她也客观地做记录，不掺杂任何沮丧、悲痛或遗憾的感情色彩。

为了看清他人，在他们抛出自己的信息时，你不应该做评判。

俄勒冈州波特兰市有一个酿酒厂，兰德尔·惠特科姆（Randall Whitcomb）是这里的销售主管。他喜欢自己的工作，跟大部分同事相处得都不错，但他与总经理的关系却僵到了极点，而总经理恰巧是酿酒厂所有人的儿子。“我从一开始就对他很失望，那时他从大学退学，他的父亲认为他需要一份工作——所以他就有了总经理的职位。”兰德尔说。从他的角度看，酿酒厂所有人的儿子不喜欢自己的工作，也不是很聪明，而且人际交往能力很差。但突然间，这个儿子就掌管了整个酿酒厂，他的父亲也不经常来酿酒厂了。

几乎每晚回家，兰德尔都要向妻子抱怨所有人儿子当天做的令人讨厌的或愚蠢的事情。半年以来都是这个样子，似乎这个儿子的工作能力每况愈下。

酿酒厂所有人突然去世了，兰德尔了解到这其实并不突然。他的家人一段时间前就已经得知他的癌症病情。他的儿子其实也不想退学，但父亲要求他这样做，一是想要和自己的儿子多相处一段时间；二是让他准备好接手公司。儿子对掌管公司毫无兴趣，但出于对父亲的尊重，还是同意了。在葬礼之后的几个月内，这些信息不胫而走。

“了解了真实情况后，我对自己之前的反应有些尴尬。如果我没有那么生气的话，我很可能会早一点发现这个情况。”兰德尔说。对所有人儿子的失望蒙蔽了自己的双眼，阻碍自己看到真实情况。他说：“我们只有忽视自己的想法，才能客观地了解他人。”

由于缺少辨识力，兰德尔也付出了相应的代价。他与所有人儿子及公司其他领导者的关系变得十分紧张。仅仅是清楚地了解了潜在问题，并不能改善他与领导的关系。他说：“我有很多地方需要修复，这对我职业发展的影响很可能持续好几年。”

阅读他人，将自己情绪化的、带有偏见的反应最小化的最佳方式之一就是：做一名第三方的观察者，而不是直接参与者。当你与他人交谈时，我们很难在全心投入谈话的同时还保持一定距离及从客观的角度观察这次谈话。你的观察能力会随着时间的推移而提高，当客观性成为常态时，这就会变得更容易。但刚开始，你要后退一步，通过观察他人的方式获取更多有用的信息，而不是直接参与谈话。

制定基准线

你要随时观察同事，留意他们在不同环境下的典型行为。你对这些人的好奇应该近乎痴迷（请不要跟踪），你会注意他们的说话方式、穿衣风格、行为举止以及为人处世的方式。他们听起来如何，甚至闻起来如何。一段时间后，每个人的模式就会显现出来，并为以后的观察形成一条“基准线”。对于偏离基准线的行为，你要保持警惕，因为它非常能说明问题。

建立基准线的最佳方式之一就是在不同的环境下观察人们。在会议、展示、讨论等不同的互动场景中，你可以观察他们的交流方式、穿衣风格、与他人的互动方式以及他们惯用的语气或神态。工作中的社交活动通常为“观察者”提供有利机会，此时可以观察到人们在更放松的状态下的为人处世方式。仅仅观察参加者、缺席者以及只露了一面就很快离去的人，就已经很有帮助了。注意谁与“领导”坐一起时很自在，谁又喜欢坐在后面。注意谁很快就解开衬衫扣子，放松下来（观察其放松的行为表现），谁的衬衫扣子又一直工整地系着，绷得很紧。

你甚至可以为电话会议、电子邮件及其他活动设立一条基准线。有些人在团队的电话会议中很自由地分享自己的想法、观点和问题，而有些人则更倾向于保留自己的想法，除非明确提到他。有些人会迅速回复每一封邮件，有些人则很多天之后才会回复。有些人会在电子邮件中长篇大论，（不切实际地）期望大部分人真的会阅读自己的“论文”，而有些人的邮件简练成一句话。举这些例子的目的是要你关注并认识到每位同事的日常风格，这样在他们的典型行为发生变化时，你才能注意到。

在为每位关键同事建立基准线后，对于他们偏离基准线的行为，你会变得更敏感。你会注意到，经常迟到的同事突然在每次会议开始时提前到了。你也会注意到，健谈的同事突然变得出奇的安静。某个同事的邮件突然变得简洁、突兀；某个同事开始在电话会议中过多地分享自己的想法，等等。这些偏离基准线的行为可能有或没有任何重要的意义，但当这些现象发生时，注意到这些现象就显得很重要了。然后再进一步追踪，找出其中的意义（或缺少意义）。

德里克·亚当斯（Derrick Adams）是星巴克的咖啡师，他一直对自己的观察技能信心十足，这个技能远远不只是记住老顾客的名字和他们习惯点的饮品。他会观察顾客平时的穿着、心情、性格、眼神接触（或不接触）及其他蹦入眼帘的事情。“刚开始时，我只是用它来让自己的工作变得有趣，可后来我发现，观察每个人的典型行为模式非常有趣、好玩，特别是在那种模式发生变化时。”

德里克注意到一位老顾客的行为模式发生了变化。这位顾客以前总是点一大杯的卡布奇诺，付现金而且会直接把零钱扔进小费罐里。这位顾客衣着光鲜，待人友好但有一点儿急躁，经常和你进行眼神交流，在取饮品时会说“谢谢”。这就是他的基准行为。这位顾客有一个星期没有光顾了，然后在某一天的早晨，他突然出现，比以往晚很多，这时德里克发现这位顾客的变化很大。“嘿，我们很想你呀！”德里克兴奋地打招呼，但那位顾客并没有什么兴致。他点了小杯咖啡，在取咖啡时，他留下了找回的零钱，避免与服务员进行眼神交流，一直保持沉默，他的神态也发生了变化。“我敢断定这个人身上肯定发生了严重又悲惨的事情。”德里克说。

几个星期以来，这位顾客的行为模式仍在继续改变。他的穿着逐渐变得随意，改点小杯咖啡，留下找回的零钱。一定要慎重地做出假设，其中可能有其他原因，但德里克有种预感，这位顾客失业了，所以手头有点儿紧。

一天早晨，这位顾客在取自己的咖啡时，德里克像以前一样递给了他一大杯卡布奇诺，而不是他买的小杯咖啡。在顾客还没反应过来的时候，德里克笑着说："对于有些早晨来说，多点儿咖啡因也不失为一件好事。"

这位顾客直视了德里克的眼睛（几周以来第一次），微微一笑，说了句"谢谢"。在那短暂的一刻，认可、感激、相互理解等各种感情交织在一起，无须多言一句。德里克继续每天早晨为这位顾客做一杯"额外的咖啡因"，直到一个月后，他开始像以往一样，点大杯的卡布奇诺。顾客什么都没说，但德里克清楚，他的工作情况已经好转。

德里克是在几年前跟我讲的这个故事，现在他是一家大型办公设备公司的市场销售经理。他在新公司的游刃有余完全得益于在星巴克做咖啡师时练就的观察技能。"人们很好奇，我是如何让停滞的项目再次启动，如何避开了公司中分布的政治地雷，如何在短短三年内成为部门负责人的，即使其他人在本行业的经验远远比我丰富。"他说。德里克将自己的成功主要归功于自己愿意等待成功，愿意花时间关注周围的人。"这就是我的第二天性，我没有花费多少时间和精力，但我的职业生涯却因此发生了质的变化。"

当你把精力放在观察周围同事并为每个人建立基准线时，开始几天你可能觉得信手拈来，但要保持这种注意力高度集中的状态绝非易事。我们中的大多数人已经习惯在工作中保持"自动驾驶"状态，并不会真正去关注同事。所以，我们很容易回到以前惯有的行为模式，特别是在你深陷巨大的工作压力时。但如果你坚持付出，挺过起初的困难，它终将会成为一种自然的习惯。切记，你不是在进行读心术表演，所以并不需要快速做出判断。你所有的观察会逐渐帮助你建立基准线。

寻找极端

当你观察他人时，他们的极端行为往往更能说明问题。寻找服装、发型、装饰和着装方式等方面的极端；寻找言谈举止、习惯和声音效果等方面的极端。如果这些极端行为明显是故意而为（服装、文身、散乱的发型，车型、手表、珠宝的选择等），这些表现向你传递了他们想要向这个世界传达的自我形象。不管是《财富》500 强企业的 CEO 故意戴了一块廉价的手表，还是运气不佳的销售戴着一块假的劳力士，他们的行为都代表着他们想向这个世界传达某些信息；不管是习惯发送信息量超大且难以理解的电子邮件的人，还是用“:)!”结束每一封邮件的人，他们也都在传达某些信息。

但并不是所有的极端行为都是有目的的。如果某人不停地说话，或出奇地安静，或者只关注数据而非人，或者做出其他无意的极端行为，这也是他在向你传达关于自己的信息，但一定不要妄自做假设。安静的人并非都内向，话多的人并非都外向。做任何结论之前，你要在观察其他事情的背景下，仔细思考每件事情。

面部会说话

我们的面部表情或脸上的工具，特别是眼睛，会“说话”。孩子们的面部表情很容易被读懂，因为他们的各种情绪会直接地表现出来，他们快乐时会笑，悲伤时会皱眉。但当他们成年后，大多数人都学会并且习惯（不管是有意还是无意）掩饰真正的情绪，至少从面部表情上看是这样的。

为了在工作、家里或社交时与他人融洽相处，我们掩饰自己的情绪，这不一定是坏事。有时我们假装感兴趣，为一个并不好笑的笑话而大笑，用一个冷淡的微笑来掩饰自己的不耐烦等，这些无伤大雅的欺骗能够让我们与那些自己并不太关心的人合作融洽（或者他们也不在意我们）。通过“戴上面具”与陌生人交往，能够使在我们决定对他们敞开心扉之前，具有足够的时间了解他们。在很多方面，掩饰是“社会黏剂”，有助于不同的群体高效合作。但是效率高、成果显著的群体是那些能够透过面具看清他人的人。

其实，大多数的人都不擅长掩饰自己真正的情绪和想法。通常，我们对某个人小心翼翼建立起的面具对于其他人来说显而易见。当你观察某个人与他人互动时，你有时能够察觉出他在另一个派对上戴起的面具。或者，当你看到某个人独自坐着，特别是在人群中或其他不容易看出他独自一人的环境下时，他一般会卸下自己的面具。突然的压力、紧张或惊喜也能够揭下他的面具，至少在那一刻是这样的。

在观察面部表情时，不要太执着于找出每一个表情的含义。例如，他们向下或向旁边看，他们皱眉，他们轻咬下嘴唇，或者其他细节上的变化，这些面部表情可能有各种含义，只有把留意到的面部表情和在观察到的其他事情的综合起来，再凭直觉做出反应，才是最有效的。你认为这个人的脑子里到底在想什么？一般来说，凭直觉（如果你抛弃情绪化反应，经过训练成了一名优秀的观察者）立刻得出的信息比其他有意识思考而得到的看法更深刻。

经过专注练习，你可以读懂面部微表情。它们是真实情感的瞬间显现，在这不到一秒的时间里，人们卸下了自己的面具。微表情只在我们想要隐藏某种强烈情感时出现，而这种强烈情感与我们表现出来的情感相冲突。这种真实情感会突然出现在我们的脸上，转瞬即逝。

拉里·爱德华兹（Larry Edwards）是卫生保健行业的高管招聘人员，在第一轮面试中，他会非常认真地观察候选人的面部微表情。“高层管理人员很擅长掩饰他们真实的想法和感觉，所以我会突然用一个候选人难以回答的问题来转变谈话方向，借此仔细地观察他们的第一反应。”他说，“当看到某一瞬间的愤怒、沮丧、好奇或欢乐时，我能从中获取很多信息。”

另外，切忌妄下结论。你观察到的所有事情都要放在观察的背景下去思考。很多人甚至不愿意花时间去留意这些事情，不能意识到表情背后的微妙的情感，所以他们永远看不穿别人戴的面具。在你锻炼自己提高对此的敏感度时，一定要有耐心，不要背负必须快速给出明确解释的压力。

在真实的扑克游戏中，你会面临时间压力，因为随着游戏的进行，你必须快速评估和读懂对手。但在工作中，你完全没有这种压力，所以，要有耐心，不要着急。随着时间的推移，你的观察会教会你看到更深层次的含义，你最终会得到一些新的看法。你可以把它们加到基准观察中。

肢体（有时）会说话

如果我们刻意为之，大多数人还是比较擅长在面部表情上隐藏自己的真情实感的，但我们并不善于掩饰肢体传达的情感。你肯定听过、读过关于观察他人的肢体语言的重要性的内容，但理解那些内容时要慎重，因为它们中的大部分都是过于简单的废话，不过是为了增加电视节目的收视率或Gawker[①]的点击率而设计制作的。关于肢体语言的最大误区就是，具体的动作，如交叠双手或头部侧偏，都传达了确定的信息。手势等肢体动作——所有的肢体语言——在某种程度上都是模棱两可的。在谈话过程中交叉双臂，可以表示不耐烦、自我

① 一个八卦网站。

防卫、饥饿或寒冷等各种状态；或者你只是后背疼，可能是在意胳膊上的文身，也可能是你在这种姿势下比较舒服。你可能在传递以上信息中的任何一条，也可能根本没有任何含义。

很多人都被过度解释或错误解释肢体语的“专家”误导过。那些“专家”处于巨大压力之下，他们要快速提供可靠、准确并且具有一定影响力的分析。电视节目不会分析金·卡戴珊（Kim Kardashian）在洛杉矶国际机场下飞机时的肢体语言，“她耸肩的动作说明……或这个……甚至可能是……也许没有任何意义。”所以我们所听到的电视节目中关于肢体语言的分析，多数都是他们被迫大幅度简化后的评论。

好吧，那你应该做什么？以下是阅读肢体语言的秘诀：快速看一眼某人的姿势及其他身体特征（手放的位置、头部倾斜程度等），然后转移目光。不要回想，问问自己，在现在这种环境下，他们的肢体在传达什么信息？一般情况下，与对于面部表情的理解一样，如果真的有信息传达出来的话，你对于那短暂的一眼所做出的最初反应是最能说明问题的。

好消息就是你根本无须成为一名专家。从人类的进化过程来看，我们生来就具备阅读他人的情绪和目的的能力。这是我们作为一个物种得以生存的关键因素之一。我们可以感觉到强烈的情感，迅速做出反应（通常是潜意识下的），并且在必要情况下，快速行动。

对于很多人来说，这种潜意识里的专长已经被快节奏的现代工作环境抑制（或破坏）了。但如果你肯花时间关注，你一定会重新激活大脑的那部分。这就是人们所说的“直觉”或“本能”。你会对周围人的思想和情绪更敏感。仅仅需要问你的潜意识“我认为这里发生了什么”，然后等待答案出现。关注，然后倾听自己的直觉，你的意识最终会得到答案。起初，这可能有点儿难度，而且充满着不确定性，但是请多给它一些时间，你更深处的进化思维一定会回忆起如何阅读他人的肢体语言。

忽略“游戏背后的游戏”

毕业后的十年中，谢瑞·华盛顿（Sheree Washington）实现了职业生涯的飞速发展，成为公司中不可忽视的中坚力量。她所在的公司是位于硅谷的一家高科技工程公司。她一路打拼，成为项目经理，这是IT的最高职位。主修电子工程的黑人可以说是屈指可数，而她正是其中一个。谢瑞是一名严苛的项目经理，如果你是她的手下，你就会知道，你的工作不仅要时间长、强度大，而且还被要求零差错。谢瑞的项目总是会按时完成，不超预算，而且项目的质量远超出公司领导的期望。

在谢瑞的部门，会议总是准时开始，50分钟后结束，为参会人员留出10分钟准备参加下一场会议。如果你收到了一封为你安排了任务的邮件，你必须在当天离开办公室之前回复邮件。谢瑞不允许自己的员工将邮件堆积在收件箱里。你在某个项目里的角色会有清晰的说明，交付时间会受到严格的监控。你必须以这种方式进行，因为如果你在这个项目中的任务没有按时完成，其他人的工作也会受到影响。

关注细节，能坐下来与工程师讨论问题以及独立写程序的能力为谢瑞在团队中赢得了很高的信誉。随着协作完成越来越复杂的软件项目，他们逐渐了解她所承受的巨大压力。三年多的时间里，谢瑞的团队推出了一系列手机应用程序，它们可以与多种系统兼容，如iOS、安卓、WP，甚至黑莓。

高科技迅速发展的同时带来了巨大的压力，摧毁了很多公司领导者，但没有伤及谢瑞。她的事业蓬勃发展，并且有望保持现在这种势头。公司把她看作

“高潜能”的领导者，让她负责整个商业部门（包括市场部和销售部），由此拓宽她的能力。

谢瑞决定快速了解公司的商业部门。刚开始的两周，她看完了所有销售资料，对每位销售员进行了“漏斗分析”。她启动了一个市场分析项目，以确定每个领域客观的销售潜能。她下令对每位销售员按等级排序，想要看到处于底层的销售员的职业发展规划。她与高级销售总监开过几次会，虽然她对各位总监很友好，但他们都有一种“新官上任”的感觉。

她从未想过要花一些精力来研究新同事。过去几年中，谢瑞见过销售部和市场部的大部分人，所以她认识他们，至少表面上是这样。她没有亲自接待过任何一个大客户，也没有单独见过任何一位销售员或销售主管。针对谢瑞带领的工程团队所开发的一款 APP，商业部向她提供过一些来自客户的重要反馈，但她很快就回复说：“他们的职责就是开发这款软件，怎样销售就是你们的事情了。”站在她的立场，谢瑞确实提出了几个提升销售效率和成功率的想法，但她没有时间将这些想法付诸实践。不到一年，谢瑞又回到了原来的团队，领导 IT 部门。她的飞速上升的职业路线开始呈水平趋势发展。

如今，几乎每位在公开谈论谢瑞领导商业部的经历时，都会一副“官腔”地讲述整个过程，这让其他人根本无法了解其真实情况。大家认为她应该“将自己的领导路线与她的核心能力相匹配”。谁决定这一点呢？没有人说明。关于“绩效制和问责制”销售部与谢瑞一直有分歧——据其他部门的员工所说。

但向当时与谢瑞有过接触的几名销售和销售经理了解情况后，很显然她有一个很大的盲点。她只关注过程、步骤、数据和策划，当然这些都是比较重要的内容，但是如果过于强调这些因素，或忽视人的因素，那它们会带来适得其反的效果。她根本无心了解新团队的任何人际关系，不知道队友的性格、侧重点或担忧。如果谢瑞肯多花些功夫去了解与她合作的关键成员，如果她让更多的人参与自己的思考过程，如果她能与客户和高级销售人员搞好关系，她现在很有可能已经完成了既定目标。

遗憾的是，谢瑞并没有看到这一点，甚至直到现在，她仍然觉得自己被销售部的人“毁”了。从某种程度上说，这可能是事实，也可能不是。但有一点是肯定的，除非她看清自己与这个结果的关系，否则她的事业不可能再有以前的势头。

你到底有多了解他们

你可能觉得自己很了解大部分同事。一项调查显示，83%的员工认为自己“了解”或“非常了解”同事。但是，当要求被调查者回答问卷下面的问题时，即使是有关某一位同事的问题，大多数人也只能回答几个。

我们自认为很了解同事，但这仅仅是因为我们对了解某人这个概念没有清晰的认识。如果真的很了解某个同事，你应该能够回答以下问题列表中的大多数问题。

1. 工作习惯和喜好

关于交流、时间安排和会议期限这三点，这个人的典型模式是什么？你最信赖这个人哪一点？最不信赖他什么？利用哪一点可以说服或改变这个人的思维模式？当他犯了一个错误时，他会如何反应：公开还是掩盖？他们喜欢与哪类人共事？为什么？他们不喜欢与哪类人共事？为什么？

2. 工作中的性格

在工作中，他们想要呈现什么样的形象？这种想象的形象与其他人眼中的形象差距有多大？大多数情况下，与他人相处时，他们是轻松自在还是小心谨慎？他们倾向控制他人还是期望他人掌控局面或做决定？他们习惯与他人结盟或赞成他人，还是本能地找出反对理由？他们是自信地提出自己的观点还是寻找他人的观点，再达成一致？

3．事业心和制约因素

工作中，激励这个人的因素是什么？他们的内驱力更多的是想避免痛苦/失败，还是想要有所成就/收获？你给他们的紧迫感/行动导向程度打几分？这个人在工作中对什么方面最多疑/恐惧？当他们不舒服或没有完全讲真话时，他们会“说”什么？这个人清楚自己在同事中的形象吗？如果清楚，他们对同事的这种认识的感觉如何？如果不清楚，为什么？

4．个人活动和目标

工作环境之外，什么对这个人来说最重要？他们将大部分的业余时间和精力放在了什么事情上？他们在业余时间里表现出来的性格有什么不同吗？如果不同，为什么？他们人生中最大的痛苦/失败是什么？这对他们产生了怎样的影响？在工作中，他们不想他人知道自己什么事情？这个人最担心什么？这个人的家人如何看待他们？这个人日常生活中的最好的朋友是谁？朋友如何看待他？

作者笔记：你如果只看了一半内容就开始走神，想要跳过这段内容，那么权当帮自己一个忙，集中注意力。内容有些多，但你需要通读它。没错，这里包含很多信息，所以，深呼吸，返回去继续阅读。

很显然，这里包含很多信息。与每位同事相关的问题，你可能大多数都无法回答——这才是关键。关于某位特定同事的问题，如果多半你都不知道答案，那只能说明你还没有真正了解他。如果你决定要多了解他们，那就多问问题、花时间关注他们，这才是你了解他们、看清他们内心深处真正动机的正确途径。

有些读者在看到这些问题时，对于快速入手收集关于同事的这些信息备感压力。想更深入了解他人，最坏的方式就是直接向他们问列表中的问题。不要让他人告诉你他们最看重的事情，而是留意他们在工作环境中与其他人的互动，观察他们的办公室或小隔间的布局和装饰，倾听他们聊的话题，等等。慢慢地，所有的这些观察都会帮助你更深入地了解你的同事。在必要并且感觉很自然或正常时，你可以提出几个直接的问题。

识别世界上所有人的深层动机和不确定性是一项令人排斥的任务，但不要被此摧垮，我们只需要关注几位关键人员即可。在工作和生活中，只有一小部分人对你的职业发展有着巨大的影响。

- 你的直属上司。
- 你老板的老板。
- 在工作中最具影响力的同级或同事。
- 你的下属或其他为你工作的人，这些人的努力对你的职业成功有关键作用。

如果你有机会与这些关键人员的配偶或对他们来说很重要的人见面，你可能想把那些人加到以上这个列表中。他们在很大程度上能影响你在这些关键人员心中的形象，仅凭他们对你的短暂印象。

开始时的工作量很大，而且收效可能不明显。但随着你逐渐掌握深层次阅读他人的技能，将这种更加清楚的意识用于推进你的职业发展之后，这对你来说就不是一种负担了。它最终会成为你正常思考过程的一部分，你在职业发展上的收获也将是巨大的。

开始思考

本章涉及很多内容，我比较担心你们是否能继续进入第 2 章。现在我们最好静下心来，思考一些事情。

- 列出目前对你的职业发展最具影响力的一位同事——可能是你的直属上司。你对这位同事真正了解多少？简单回顾前面的问题列表，然后思考自己如何更深入地了解这位同事。
- 想想你的每位同事、你可能错过的线索或看法，以及他们对你的职业产生的影响。这个动作的目的并不是要打击你，只是想要告诉你无意中会错过“游戏背后的游戏”。

尽快行动

读完本章后，你可能会更加留心周围的人和事，如果不利用这种技能，那你也不会收获太多可见的益处。所以在接下来的几天里，你可以采取以下行动演讲巩固这些概念，以确保你真正应用它们。

- 确定一组对你的职业发展影响最大的关键人员：上级、同级和下属。
- 接下来的一周，充分利用任何一个局外观察这个核心群体的机会：公司会议、电话会议、演讲、职场中的社交活动等。
- 在这一周内，仔细观察他们的肢体语言、面部表情及典型的电话会议行为（如果相关的话），逐渐建立核心群体中人员的基准线。留意所有偏离基准线的情况。

- 利用每个恰当机会进行提问，其目的就是要让你深入了解核心群体中的人员。
- 选择一位你对他总带有感情色彩的同事（挫败感、愤怒、害怕、吸引等），利用一周的时间对其进行观察，但要先放下你所有的偏见和假设。这可能会让你有所改变，也可能没有任何改变，但这一周的观察一定对你有帮助。
- 提醒自己接下来的一周要花时间观察周围的人以及他们习惯行为。你会惊讶于自己因所谓的忙碌而错过的那些细节。

长期的想法和行动要点

注意自己的情绪反应和对他人的偏见，在行为观察过程中，将这些置于一边。（成为珍妮·古道尔！）

- 密切关注极端行为，但不要立刻做出判断。相反，要在充分观察和互动之后，逐渐形成自己的判断。
- 主动倾听。密切关注人们的用词、他们提倡的想法、他们如何安排自己的论据，以及他们是如何妥协的。倾听他们说出以及没有说出的内容。
- 抓住恰当的时机提问，这些问题可以让你对工作和私人生活中的人们有一个更深入的了解。

更深层地了解他人不是一蹴而就的，也不是待办事项上完成之后就可以画掉的事情。如果你给予了恰当程度的关注，它最终会成为你与他人互动、观察他人的自然方式。正如词汇可以日积月累，你在这方面的能力也是可以不断提升的。

在本章中，我们关注的是与你接触频繁的同事。在下一章中，我们将会拓宽你的视角，将重点放在整个公司文化上，你在这个环境下工作并且与他人的互动也更为复杂。

第2章

雷区中的芭蕾舞

托尼告诉我："工作中我对你们每个人都很友好，但我并没有把你们当成真正的朋友，实话实说，无意冒犯。"我有些不明白，就敷衍了几句，因为我觉得自己是他最喜欢的人之一。后来，我意识到很多人有同样的感觉，因为托尼几乎对每个人都很友好。在第 1 章里，你了解了来自圣地亚哥的托尼以及他阅读他人的能力及他对工作环境的独特见解。但托尼做的不仅仅是阅读他人——他还会与他们建立关系。我逐渐了解到，托尼有很多友好的同事，不仅是在我们办公室，还有在总部和其他分公司的。我和他同时进的同一家公司，虽然我在公司的地位要比他高一些，但他的人脉要比我广。所以，托尼对职场"友谊"的看法真是出乎我的意料。

"事实就是这些人都不是你的朋友，甚至每天和你一起吃午饭的人或和你同住一个屋檐下的人。"他接着说道，"他们不是真正的朋友。从你失业开始，之后的一年中又会有多少人和你一起吃午饭？"

托尼又解释了一番，我才开始真正了解了他对办公室"友谊"的思维模式。工作中积极的关系很显然是件有益的事情，但他的观点是，他人对"友谊"付出的感情并没有我们想象的那么深。对公司忠诚固然好，但我们不应该自认为他们的忠诚对我们也是如此。

几年后，我对这一点看得非常清楚。我的一位朋友，在圣地亚哥 SFS（Smarter Faster Stronger）公司工作，这是一家主张健康生活的保健品公司。朋友邀请我参加他们公司一年一度的"SFS 家庭同乐日"，在这一天 CEO 会庆祝"家庭第一"的公司文化。他讲述了在座的每位员工如何像家人一样对他，我几乎热泪盈眶。他们这种积极向上的公司文化以及对每位员工的身心健康的承诺给我留下了深刻印象。他们看起来很团结，忠于彼此，就像一个真正的大家庭。

几个月之后，朋友告诉我说她的部门裁掉了八个人，因为公司决定撤销他们的某个产品线。这周早些时候，她的老板找到她说："你是我们这个大家庭中重要的一员，我们真的很感谢你的付出，但在你这一块业务，我们准备换一个发展方向,所以我们不得不让你走。"什么？什么样的家庭会做这样的事情？

在我的成长过程中,我不记得在我的家庭里有任何一个人在餐桌上对另一个人说："我们真的很感谢你在过去几年中对家庭的付出，但我们决定向另一个方向发展，所以我们不得不让你走。"

尽管所有公司都会在员工间渗透这样一种感觉，就是他们对公司来说是"最重要的资产"，但事实并非如此，而是他们的努力和付出对公司的目标很重要。作为人力"资源"，我们都服务于一个目的，这个目的会促进公司目标的实现。我们一旦不再为我们的目的服务（或当这个服务成本较高），公司马上就会抛弃我们。

托尼让我明白，对于这一点根本没有错。这是公司的本性。"你就是一名雇佣兵，不管喜欢还是不喜欢，你永远只是一名雇佣兵。"他说。

我意识到这与当前大多数人力资源部门追求的所谓的"家庭友好型"和"以员工为中心"相悖。我们要正视这个残酷的事实：人力资源存在的目的就是为公司目标服务。他们会在你的身边，直到他们离开。

这并不是说员工无足轻重，他们当然很重要。虚伪的"家人"不会得到真心，也许除了公司本身，它在员工中创造一种亲密关系和忠诚的假象。这样公司就可以减少突发的人员流动，因为员工表现得非常忠诚，而他们也认为自己的忠诚会"有所回报"。但当公司需要重组或裁员时，它几乎不会考虑自己是否要对员工忠诚。而且，这一点不能被看作错误的或者不道德的，抑或异常沮丧的。这不过是公司文化的自然状态。

所以我问托尼他是如何在对公司和同事持怀疑态度的同时又可以与他们建立积极的工作关系的。"在工作之外，我有真正的朋友而且家庭和睦融洽，这一点对我帮助很大，在这样的环境下，我可以客观地看每件事情。”他说。

托尼对公司和同事的态度总是很积极，但也很现实，由他对工作中“朋友”和“家人”的心态来调节。我自己的态度则变化很大，取决于工作中我自己的朋友的情况以及公司如何对待我。当我再回过头去看，很明显，托尼对职场中人际关系细致入微的理解要更有效。

职场中，不存在朋友或敌人，只是不完美的人在努力做好自己的工作。

当我问托尼，他是如何在工作中交到这么多人的（远远超过了我们分公司的人员），起初他只是耸了耸肩，就好像这很普通一样。他告诉我，在公司的一次节日聚会中，他认识了会计部门的某个人，之后就一直保持联系。我记得那次聚会。我参加那次聚会完全是因为不去会显得不礼貌，确定不会有人注意我的离开时，我就偷偷溜走了。我和托尼之前一起参加过一次针对于所有加利福尼亚（California）南部分公司的培训研讨会，他认识了一些其他分公司的人，当天晚上便与他们一同去了酒吧。我觉得这纯粹是浪费时间，早早就回到了办公室。

没错，与我相比，托尼或许天生就是一个外向、善于与人打交道的人，但没有任何事情阻止我做相同的事情。我只是从未想过应该越过日常的交际范围，拓宽工作中的人际关系网。而托尼却总是在加宽自己在工作中的“朋友”关系网。

托尼认识很多人，不只是那些和蔼可亲的人。当知道他偶尔会与市场部副总裁通话时，我特别诧异，因为这位副总裁绝对不是一个热情、随意的人。“你到底能跟他聊什么？”我问托尼。

“大多数是关于职业生涯建议的，而且我们都喜欢打高尔夫球。”他说。

“但你不觉得他就是一浑蛋吗？你没见过他是怎样对待员工的吗？”

“没错，他很严厉。但我觉得是他压力大的缘故。”

“跟我说实话。他告诉你我们公司会被关吗？”

“没有，但他所有的职业建议都指向了公司以外的地方，这就告诉我了不少信息。”

托尼似乎可以以一种友好和建设性的方式对待每个人。他似乎真心地对每个人都感兴趣。而且他也很清楚地看到了他们身上的缺点——他不会让这些缺点妨碍他们之间的关系。

而我却还在努力分清谁是“浑蛋”、谁是“傻子”，想尽一切办法避免与这些人接触，精心维护我在工作中建立的那个真心朋友的小圈子。我讨厌“办公室政治”这个想法，而托尼却欣然接受，他认为这只是工作生活中的一个小方面。他不会参与任何一个办公室阴谋，但也不会忽视它。他足够聪明，也足够敏感，对任何办公室政治都了如指掌，不会让其波及他。

托尼帮助我转变思维方式，几年里，我努力模仿他，因为这种方式明显要对事业发展更有效果。我认识很多人，他们都在工作中人际关系动态的起伏中挣扎。很多年后，我遇到一名年轻的女性，她在这方面的能力真的很欠缺。

“人们为什么总是心口不一呢？”珍妮（Jenny）失望地说。珍妮是佛罗里达州坦帕市一家通信公司——数据动态的中层经理。“如果我们把精力全部放在公司上，就不会有那么多引起流言、多疑和陷害的问题了。”她说的就是最近公司里一位“朋友”对她的看法，这位“朋友”透露一些同事很“担心”，因为过去一周里珍妮总是迟到。珍妮的第一反应就是很惊讶，自己的格子间所处位置比较偏，不会有人看到她何时上下班的。早晨上班时她晚到了三十分钟，因为丈夫的车送去维修了，他需要珍妮先送他到公司，而且每天下班时她会在办公室多待将近一个小时，很显然，没有人注意到她晚走。

三个月之前，珍妮刚刚成为这个团队的经理。她知道团队对此有些沮丧，与之前的经理相比，她更喜欢亲力亲为。之前的经理为公司服务了很多年，现在退休了。她不知道的是，团队希望经理会是他们其中的一个人，所以当他们知道一位在这块业务上没有任何经验的年轻女性成为他们的老板时，他们就很惊讶。珍妮聪明、有能力、工作努力，是一位优秀的经理。但部门主管注意到她有一个盲点而且这个盲点会影响她的职业发展——她在处理办公室政治和其他与自己工作相关的复杂人事问题的方式就是表达自己的负面情绪，向老板抱怨，然后决定要立刻“清理房间”，开始建立自己的团队。

“她有潜力成为公司里一位强大的领导者，”她的主管对我说，“我们也知道她带的这个团队很难管理。大多数人和我们并肩作战了二十多年，他们并不想改变自己的方式。但他们深厚的知识积累和专业技能对公司来说很珍贵，你不可能随意换掉他们。对于他们的职位来说，新人需要两年才能跟上他们的速度，但珍妮不了解这块业务，她还没有明白这一点。”主管知道珍妮的优势和能力，但她说：“她不了解这里的‘象棋游戏’。如果你裁掉一个人，用实习生来接替他的工作，这对其他人会产生什么样的影响，他们帮助培训这个新人的动力会有多大，又有多少人会开始寻找新工作。所有的这些点都是思考过程的一部分。坦白来说，我们在面试的时候，她非常有魅力，但自从她开始与自己的团队出现问题之后，那种温暖的魅力似乎就消失了。如果我们无法得到原来的那位珍妮，那她待在公司的时间不会太长，不管是主动的还是被动的。”

学着爱上这场游戏

我的高尔夫球技术特别差，不仅是因为练习少。我的教练是一名优秀的高尔夫球手，我为了提高自己的技术，或至少让自己看起来不那么差，我花了很多时间练习。一位朋友带我去了一家高尔夫球培训中心，在这里你朝着一个屏幕打球，机器会从两个方向记录你的发球，这样可以对发球方式进行科学的分析。在我第三次发球的时候，球撞到了屏幕的边缘，反弹到了天花板，击中了一根金属管，然后又弹回来打到我的额头上。向上帝发誓，这绝对是真的。当他们把冷毛巾敷到我额头那个红肿的大包上时，高尔夫球培训中心的老板说："或许你应该尝试换种运动。千万别选飞镖。"

我讨厌高尔夫球。现在，我讨厌它是因为我技术差还是因为我讨厌它才技术差由你来决定。我喜欢打保龄球，起码我不会把球打到自己的头上。

大多数人都公开表示自己讨厌办公室政治或公司政治，而导致这一现象的主要原因就是他们不善于应对这种政治问题。当然，这是我们的本能反应。谁又愿意玩一场自己都不了解规则、看不懂游戏进行情况而且每次都输的游戏呢？

但不管你是声称讨厌它、避免它还是积极主动地消除它，人际关系动态就是公司生活的一方面。不管你是在职业阶梯的顶端还是低端；不管你的工作是在兽医诊所还是法律事务所，是广告公司还是道路施工队，大公司还是小公司，新公司还是老公司，你都要与人们及他们与生俱来的复杂性打交道。

人类是一种混乱、喧嚣、善变的生物，同时他们又聪明、机警，这就加深了阴谋的复杂性。说实话，从呱呱坠地的那一刻起，你就开始参与人类的政治游戏了：当你微笑着，咯咯地笑着，鼓励母亲抱你、喂你或为你换尿布；当笑没有起作用，你就开始号啕大哭；当你在学校选择朋友（或敌人），用自己的忠诚换取他人的忠诚，帮助他人换取他人的帮助时。你在当地餐厅给服务生小费时出手大方，是因为你知道自己还会来这家餐厅吃饭，你想要确保在未来也能得到好的服务，这就是一种政治手段。

每个人在工作中都会使用政治手段。有些人之所以讨厌这场游戏，主要是因为他们不是一位合格的玩家。

公司里的人际关系动态要更复杂，因为这里同时存在着竞争和合作的压力。而且这里也存在着一类在正常情况下你不会去联系的人。我们凭直觉选择私人朋友，也很容易地“拉黑”他们，但同事通常是强加于我们面前的。在同事这个不自然的群体里，人际关系动态让一些人为自己或他们所支持的事业获得利益，有时是以牺牲他人为代价的。

这似乎不公平或不正确。出色地完成自己的工作还不够吗？很不幸地告诉你，不够。残酷的事实是，你必须学会做好自己的工作以及识别复杂的人际关系动态。就像在雷区里跳一场优美的芭蕾舞，如果你忽略地下埋藏的地雷，或只是抱怨他们的存在，那你很可能会失去自己的脚趾。

如果你否认（或只是抱怨）身边可能存在的政治，不去直面它，对于这样的“置身事外”，你会付出没有必要的代价，他人则坐收渔翁之利。

如果不使用政治手段，你会错失适当提升自己、团队成员和事业的利益的机会。我发誓，随着你在这场特殊运动中技能的加强，你会越来越喜欢这项运动。特别是你以以下行动开始时：

- 以超出他人预期的程度帮助他人。

- 在私人生活方面，努力多了解他人。
- 做一名优秀的倾听者以及提供一个“安全”地带，这可以让他人毫无顾虑地与你分享他们的不满。

不管是否带有政治目的，这些都是一个体面人在工作中可以做的事情。还有其他很多事情你可以做（或许已经做了），这些事情虽然对他们来说存在政治因素，但事实上在办公室环境下完全是积极向上的活动，如在走廊遇到他人时热情地打招呼，在电梯里与他人多进行友好、简单的聊天，等等。

这并不是说积极的政治活动比脚踏实地做好工作更重要。你实际的工作表现是成功的基础。托尼积极向上的办公室政治收效明显的一个主要原因就是他在工作上也非常突出。

利用政治

处理身边发生的政治行为需要相应的策略，而形成这种策略的最佳方式就是首先要成为一名优秀的观察者，然后利用你所获得的信息更深入地理解身处的工作关系网。这也有助于你形成由同盟和办公室“友谊”组成的关系网。

所以，该如何开始？首先，你需要了解公司里正式等级和非正式等级。正式等级一般都显而易见，浏览一遍公司结构图就可以了。之后，你要花些时间彻底地思考非正式等级——整个公司的以及你所处团队的。

- 谁有真正的影响力，可以决定事情的成败？为什么？
- 谁有权力但却不行使它？他们为什么如此被动？（他们是在巩固他人的领导地位，还是不想承担责任，或者有其他原因？）
- 谁受到众人的尊重？为什么？（工作年限长，具有创新思维，乐于助人，还是业绩显著？）

- 谁最擅长识别公司中的人际关系动态？（注意观察这些人，向他们学习。）

这些问题需要慢慢回答。除非你已经对这个特定团队进行了几年的观察，否则你应该仔细思考这些问题，留意同事在会议、活动、讨论等环境下的互动情况。你甚至可以向他人打听他们对于某位同事的看法，但态度一定要友好——不要表现出自己正面或负面的看法。很多情况下，人们会反映出你所流露的想法，至少他们会委婉地表达自己的意见，以避免与你的意见发生冲突。所以，提出的问题一定是中立的、开放式的：

- “和桑德拉（Sandra）一起工作感觉怎么样？”
- “鲍勃（Bob）带领的新项目进展如何？”
- “你们的部门文化是什么？”
- “新领导上任之后，工作有什么变化吗？”

对于你提问的方式以及提问的对象，一定要慎重。在工作环境下，人们普遍多疑，但普通朋友或家人不会。例如，你问一位家庭成员：“跟我说说鲍勃叔叔。”对方不会有疑神疑鬼的反应（除非鲍勃叔叔有不为人知的秘密）。但在工作中，即使是有关他人的最简单的问题，也会让人心生疑惑。

慢慢地，你对公司内部权力、影响力和尊重的分布会有更清楚的感知，同时，你还可以关注社会关系：

- 谁与谁关系融洽？谁与谁关系紧张？
- 明显存在小团体或党派吗？
- 谁最难相处？
- 谁是“独来独往的人”？其他人怎样看待这样的人？（有些孤僻的人会受到其他人的尊重，有些人则充满神秘感，还有一些人会受到排挤。）

同样的道理，对于这些问题，有价值的答案是通过在不同环境下对人们的耐心观察和与他们互动逐渐形成的。随着你不断地观察和理解的加深，你可以开始在公司内部建立自己的社交关系网。你可能已经有了一个自然形成的关系网。如果你是一名新员工，你可能已经与其他新人结成了同盟；如果你是一名有经验的中层经理，你可能与直接下属和同级自然站成了一队。但在你思考公司内部的政治地图时，你可能会想扩张自己的工作/社交关系网。

在公司里，不要躲避有权力的人。你可能会惊讶于他们的和蔼可亲（因为能够与他们自然交流的人很少）。确保你的关系网会覆盖正式等级的所有方向（同级、老板、执行总监），开始与具有非正式权力的人建立关系。

- 在信任和尊重的基础上建立你的关系——避免空洞的阿谀奉承。
- 待人友好——不要只与某一特定群体交往。
- 成为多个关系网中的一部分——通过这种方式你才能够摸到公司的脉搏。

珍妮，这位政治技巧拙劣（几乎不会任何政治技巧）的中层经理，起初她的主管谈论她与团队产生的问题时，可能有些尴尬，因为珍妮明白深入了解周围人的重要性，她不习惯被教育或被指导。在之前的工作中，她一直都表现出色，因此飞速的事业发展总是会超出老板的预期。这对她来说是一个新的经历，有人提出她表现的“差距”。不出所料，珍妮有些抵触和急躁，她想加速这个过程，消除存在的差距，不想类似的事情再次发生。经过很长时间的交谈之后，她才接受了“没有捷径”这个结果。

值得一提的是，珍妮接受了我们提到的一些想法。她开始深入地了解所带团队中存在的各种动态，团队外的人帮助她了解了团队成员的想法，因为管理层没有想过让团队内的任何一个人坐到领导层的位置上。不管正确与否，似乎整个团队都被忽略了，他们很自然地把这看成一种侮辱。即使珍妮并没有参与整个过程，她还是成为团队挫败感的焦点。意识到这一点并不能解决问题，但这已经是很大的进步了。

与“敌”为友

珍妮的下一步就是要消除出现的负面动态，开始与自己团队建立正面、有成效的关系。这就需要一位成熟的人面带微笑，与曾陷害过自己的人建立友好关系。但要应对整个团队都是陷害你的人的情形时，则需要一名非常成熟、自信的人。

主管告诉珍妮，他真的认为珍妮应该负责处理手头上这份艰巨的任务。首先，她意识到，自己当初很错误地选择了一间离团队较远的格子间。它造成了实际空间上的隔离和社交上的距离，她承认自己与团队相处不融洽才迫使她做了这样的决定。“从开始我就感觉到他们看到我来一点儿也不兴奋，所以当设备部经理给了我几种选择之后，我选择了离团队较远的位置，就好像把自己从负面环境中隔离开来。但我现在意识到，我的工作就是要改变这种环境，而不是逃离。”她说。

有些负面的人是可以改变的。总的来说，如果问题的根源是他们把你看作一个威胁、误解了你的动机或在某种程度上感觉被你忽视了，那你完全可以积极地影响这些难以相处的人。当你积极与这些人相处，提出有价值的问题，主动倾听他们的想法时，他们会改变。如果你真的努力改善你们之间的关系，帮助他们处理他们认为重要的事情，这些人最终会成为你的盟友。有时，他们还会成为你强大的后盾。

但还是会有无法改变的人，永远不要信任这些人。工作环境下存在某些文化，似乎是为弱肉强食而专门设计的。而且公司的这个大文化总要比单独某一个人的目的更强大，所以明白这一点也很重要。

了解自己的业务

谨记珍妮主管的观点："对于他们的职位来说，新人需要两年才能跟上他们的速度，但珍妮不了解这块业务，她还没有明白这一点。"这个观察告诉我们，如果珍妮真的想掌握公司里的政治文化，她必须做些工作，因为最佳的政治玩家对于自己业务的了解要远远超过这项工作的具体要求。他们要广泛深入地了解整个业务模型，其中包括销售、市场、运行、人力资源、创新、法律甚至监察、研究和设备。

广泛深入地了解你的业务模型。

越多地了解业务端对端的模型，你就会越自如地在文化海域里畅游。当然这需要时间和真心的执着，因为没有人会要求你学习跟你日常职责无关的部门的知识。

你不是在挖丑闻，也没有寻找业务中的错误或不足。你只是在努力了解超越自己战略上责任的业务，慢慢地，习得的这种知识会帮助你全面了解潜在文化。

识别健康的工作环境

随着你更清楚地了解自己的公司，你可以对理想或"健康"的公司有一个参照标准。很遗憾，一些人在不太理想的公司里工作了很多年，他们就会有一种假象，认为自己工作的世界是正常的，就像在不正常的家庭中成长，他们就会认为大声尖叫是很正常的情况。

根据对几百家大大小小的公司的观察，以及与几千名员工的（从快乐和有效果的到愤怒的和近乎紧张的）谈话，我确定了理想公司的十个方面。在判断一个公司的相对健康情况时，我会参考这十种特征。以下列表涵盖了大多数公司都会具有的突出优势以及明显弱点：

- **有趣的目标**：除了实现财务目标，员工是否认为公司的存在还有其他重要原因？
- **值得信任的领导层**：员工是否信任领导层，支持他们领导公司？
- **清晰的目标和预期**：员工是否知道公司对自己的期望以及自己的努力在实现战略性商业目标上所起的作用？
- **足够的技能和资源**：员工是否认为自己具备应有的技能和资源，可以做好自己的工作、实现既定的目标？
- **充满活力的环境**：工作环境是否有助于员工在工作日中保持精力充沛、斗志昂扬？
- **无处不在的高效率**：是否所有的员工都保持较高的工作效率，在大范围内可以公平分配工作量，不会有员工因为能力出众或有义务而承担较多工作？
- **愉快地投入**：每天工作时，员工是否真正地投入其中，有快乐和兴奋的感觉？
- **团队合作精神**：在需要帮助时，员工是否感觉自己可以依靠公司中的任何一个人？
- **奖励和认可**：员工是否认为公司给予的奖励和认可有意义并且公平、客观？
- **发展机会**：员工是否认为自己在公司里有成长和发展的机会？

在我看来，这算是一个相对公平的列表，但我最近与一位大公司的 CEO 进行了一番交流，聊天的内容就是在员工中进行一次问卷调查，收集他们在这些方面的反馈，这位 CEO 的名字不便透露（但与“orange”谐音）。他对此的反应是“我们不能期望每位员工对这些方面都感觉良好，是吧？”

我婉转地问他，在这十个方面中，他是否愿意让那些不完全满意的员工感到舒适。回答之前他思考了几分钟。“嗯，”他说，“很显然我们希望每位员工对每个方面都感觉良好，但我认为这并不现实。”

明白我的意思了吗？我认为他成长的环境充满了各种歇斯底里。

如果你可以客观评估工作环境的相对健康情况，那你就会更容易理解自己公司的文化及其独特的政治。以上强调的十个方面为你提供了一个非常好的思考框架，思考哪些方面的文化比较强，哪些方面还需提高。很多公司都会投入大量的时间、精力和资源来为所有员工创造健康、高效的工作环境，就像一个人努力保持最佳的健康状况，公司也总是在监控自己的“生命体征”。他们明白，跟大多数人生病一样，公司疾病也在不知不觉中慢慢发生。

随着深入了解某些常见的公司“疾病”，我们需要考虑这样一件事，在一个特别健康的公司里脱颖而出的机会反而较少。如果一切进展顺利，每个人都积极向上、工作高效，受到公司使命的激励，那这个公司非常适合我们工作，却不利于我们脱颖而出。但当一个公司有“问题”时，根据应对挑战的方式，你就有了把自己与其他员工区别开来的机会。这一点值得我们思考。

公司的癌症、无能和“便秘”

在讨论公司文化出现的问题时，我喜欢使用“疾病”这一术语，因为我发现这种比喻的说法更恰当，并且这有助于人们把问题的重要性内在化。而且这种表达方式也很有趣。

有三种常见的公司疾病，即使在非常健康的公司中也可能会出现。保持一个健康的公司文化的关键是识别潜在疾病的初始症状，然后尽早采取治疗措施。如果直到疾病全面爆发才采取措施，为时已晚。以下是三种最常见的公司文化疾病，同时提出早期治疗的一些速成要点。

员工患有冷漠癌

一种癌细胞已经失去了自己与体内调节机制的联系，自己独立生长，忽视了机体的感受。与公司使命和目的失去联系的员工有可能变得与叛变的癌细胞一样独立。一两个脱离组织的员工对公司影响不大，但如果一群员工都与公司切断了关系，那这很快就会变成致命的公司肿瘤。早期警告信号包括：

- 员工时常对高管层开恶意的玩笑和讽刺。
- 员工妄自忽视公司的指示及其制定的政策、行为规范。
- 为了避免问题或错误决定的发生，员工不愿说出和表达强烈的个人观点。他们看到“火车即将失事”，但却任由其发展。
- 员工抱怨公司没有未来，不愿意也没有兴趣改变公司现状。
- 出于私人目的使用总公司的设备或其他公司资产，员工对此没有任何罪恶感或悔悟（除非被抓）。

当你工作的环境有以上某几个特征时，有效看清政治形势的关键是明白几乎每个人都受到个人利益的驱使而不是公司的。你不必也不应该附和普遍存在的反公司情绪，但你应该时刻警惕员工中大范围出现的负面情绪，竭尽所能地去解决。解决问题，不要发泄自己的失望（即使是合理的）。

领导层无能

关于现代工作环境的一些事情似乎腐蚀了一些领导的自信和能力。或许他们无法在矩阵型的工作团队中树立自己的威信——近年来普遍应用的一种结构，在这种结构中，很多部门和个人（有独立的正式领导）为某个项目或公司任务而工作。当被派到一个团队中时，但却没有明确的授权，所以他们在领导团队时会出现各种问题。或许他们感觉受制于争夺最具能力员工的这种需求；或许是因为千禧时代，他们似乎拒绝这种权威的领导力。但不管根源是什么，你都要清楚公司里出现了领导层无能的问题，如果：

- 所有决策都是通过团队达成共识制定的，当出现差错时，个人没有明确的责任。
- 重大决策被不断地调整，只要有人表达出了强烈的替代观点。投票站永远不会关闭。
- 庆祝团队成就，但贡献突出的个人不会得到应得的认可。
- 存在一种普遍的感觉：团队没有真正的负责人。

在这种环境下，主动介入并且填补领导位置的空缺是件很诱人的事情，但一定要慎重。除非你得到了正式的领导角色，否则在这种文化下，你站出来、越俎代庖只会得到其他人的反对。即使上级授权你了正式的领导角色而且确定团队需要果断的决定，也一定要循序渐进。

低效率的“便秘”

基于现代工作的压力和有关提高效率的图书、文章和应用程序层出不穷，所以在商业世界中存在低效率问题似乎不可能。但事实是，很多公司都有项目停滞的问题；员工在原地徘徊，等待信息、其他材料或明确的指示；或者员工很忙但做的都是微不足道的事情。我们的工作很大程度上依赖于他人的贡献，所以一个成员要想毁掉整个团队的努力是很容易的一件事。你要知道你的公司出现了效率低下的情况，如果：

- 不是所有员工都有明确的目的和目标，这会对公司产生直接影响。

- 经常发生项目和任务延期完成的情况，不是偶尔才出现。
- 如果由于另一名员工的失误而导致进度停止，员工只是被动等待到既定期限。
- 工作团队内的职责不清楚或相互矛盾。
- 失败的项目很快就被遗忘和搁置，而不是认真分析，作为学习经验。

对于这种类型的工作环境，有个好处就是你有足够机会让自己脱颖而出，成为高效率的榜样。当自己工作由于其他人的延期而搁置时，你可以稍微推他们一把，如果收效甚微，可以再加一点儿力度。当你尝试在某种文化中做出任何改变时，需要特别注意一点：不要让每个人把自己的职责丢给你。他们会很高兴把自己的工作分给你一些，只为帮助你提高工作效率。不管怎样，一定要避免这种情况的发生。你要帮助他们完成自己的工作，比如提出一些新想法、新过程和新策略，同时坚定地表达会按时完成自己工作的想法，正如之前承诺的一样。

同样地，我们偶尔都会生病，每个公司都会经历一类或更多类流行性疾病。你可能会在某个部门或工作团队里，甚至是某个员工身上，看到疾病暴发。切记，治疗的关键就是在疾病流行起来之前及时采取措施。

极端的公司文化

除了上述强调的三种相对比较普遍的疾病以外，还有其他一些文化表现，这类文化则更少见、更极端，也更难识别。所有这些都代表了独特的挑战和办公室政治的不同“规则”，所以我们应该一直保持警惕。

- 个人崇拜。

- 萎缩的文化。
- 竞技场文化。
- 幸福文化。
- 近亲文化。

个人崇拜就是公司只以一位主要领导者的自我为中心。在这种文化类型下，只有一种方式能让我们从精神上和心理上生存下来。首先，要意识到所有事情——都是为了支持这位领导者。然后仔细观察，这位领导对下属的期望是什么，竭尽所能满足这些预期，而且要接受的一点就是自己的努力可能永远不够，这位领导可能永远不会满意，或者可能永远不会给你得知他满意的那种满足感。

你意识到这种文化类型的不可理喻，但还是会理智地决定自己要在这里工作，因为有时在这种文化下，付出和收获成正比。如果你期望高薪或者获得与众不同的经验并且接触到在其他公司接触不到的业内人士，那选择在个人崇拜文化下工作完全合情合理。但是，有一点非常重要，你要为自己制定离职期限和策略，决不能让自己认为这是一份长期工作。很多人都会陷入个人崇拜的陷阱，开始习惯于各种奇怪的要求和不合理的需求，长此以往他们便忘记了真实世界的样子、真实人类如何对待其他人类。这种自我崇拜会逐渐侵蚀你的心智，所以，如果选择在这里工作，没问题——只要你有离职的计划。

贝丝·沃尔德鲁普（Beth Waldrup）受聘成为一家顶级建筑公司的市场部经理，她的老板因其极高的才华和难以相处、吹毛求疵、捉摸不定的性格而出名。“我以为我来这家公司时什么都了解。我听说过所有关于他行为古怪、苛求的事情。但几年来我都在一家普通的建筑公司工作，我想尝试一些更富创造力的工作。”她说。贝丝知道自己的工作一定不会轻松，因为老板要求很高。“但我完全没想到，仅仅两个月我就确定自己一定是疯了。”

公司里曾经有人提醒过她，一定要提前确保老板同意所有开支，但当贝丝征求他的批准时，他训斥她："你觉得我花钱雇你是干吗？就这么小的决定不需要我吧。现在去完成你的工作！"

两天后，贝丝同意了关于对他们新完成的项目进行拍摄的预算。他监督了整个拍摄过程，后来将照片的最终成品交给了老板审阅。建筑很美，照片也无可挑剔，但她很吃惊，因为老板的反应是"谁同意了这个？！"

事情每况愈下。贝丝认为自己在办公室里交到了一位"朋友"，向这位"朋友"吐露了自己的困惑和失望。这个人最后还是和老板的行政助理（他俩之间有不正当关系）"分享"了贝丝的担心，老板自然也就听到了所有的细节。但这也让老板知道了贝丝负责的一次营销活动的结果，她还是有一段短暂的辉煌时刻的，但就是这一点点的认可让其他人开始嫉妒贝丝。"我这才意识到，我面对的不只是一个疯子，而是一群。"她说。

贝丝决定在这种环境下工作三年，但她能够做到这一点（并且在这个过程中保持清醒）的前提是，遵守以下在个人崇拜文化下工作的三条规则。

- 准确知道自己这样做的原因以及最终阶段（包括期限）。
- 不信任任何人，知道大多数人和你玩的是相同的游戏，其余的人都是真正的疯子。
- 给这个人所有他要求的爱抚，不要期望回报，不要期望始终如一、可靠性或诚实。

在个人崇拜文化下的领导者逐渐认识到，他不必与他人一样遵守同样的规则。从事业发展的立场来看，我的意见就是拼命远离这些人——除非有具体的促进事业发展的原因而不得不留下。

萎缩的文化主导整个公司主要是在公司经历大裁员或一系列裁员或其他业务规模缩减时。大多数存活下来的员工都很多疑，怀疑自己是否还能在下一轮的裁员中幸存。很少有人留下来承担相同或增多的工作量。特别是在以下环境中：

- 没有人公开抱怨，所有人都只在家里发牢骚。
- 每个人都很保护自己的“领土”——其实就是项目、职责或其他能够给公司带来价值的任务。
- 最优秀和最聪明的员工都在积极寻找其他工作。
- 每位领导说出的关于公司未来的每一个词都要被过度解读，都要经过仔细地分析，以便确定他们消息背后的“真实信息”。

在萎缩的文化下实现职业发展的关键是尽可能多地找到为公司创造实际价值的途径，特别是不容易被其他人复制的价值。不要局限于正式的职业描述。如果你有为公司创造价值并且让自己脱颖而出的途径，那就向你的经理争取批准，然后采取行动。

即使感觉自己的工作没有受到直接的威胁，你还是应该主动寻找其他的工作机会。润色自己的简历，随时做好准备。每个季度都应该至少找到一个值得面试的机会，如果可以，适当增加频率。即使你脑子里想的全是现在老板布置的工作，你还是应该调整自己的面试技能（通过真正的面试），收集在工作中所做贡献的证明。

> **找工作的最佳时机就是在你有工作的时候。**

不要与工作中的任何人分享个人职业研究策略的细节，即使是真心喜欢你的人也可能会因为自己的工作受到威胁而背叛你。在萎缩的文化中也可能让自己的职业向前发展，但有一定难度。他们很高兴你为公司贡献自己的力量，很开心你带来更多的价值——但是通过提高薪资以换取更大的价值却不那么容易。

要抓住每次机会记录和强调自己为公司带来的价值，不要错失任何一次在高层面前“推销自己”的机会。

达林·普托夫（Darin Potruff）是一家制造公司的现场客户关系代表，公司总部在田纳西州（Tennessee）。达林的大部分工作都是通过电话完成的，他的办公室位于密歇根（Michigan），偶尔出差见见当地的客户。但随着他的公司经历了一系列的缩减规模，达林知道很多像他这种现场职位都会被撤掉，大多数的客户关系活动会统一由田纳西州的总部负责。因为他已近60岁，达林很担心自己会被看作“老家伙”，会为更有精力的年轻人所替代。达林知道保住自己职位的唯一方法就是清楚地交流和“推销”自己带给公司和客户的价值。以下是他采用的一些策略。

- 记录每位客户给予的表扬，让他们强调自己现场探访带来的价值，特别是在提高公司产品销售量方面。
- 在与总部团队进行电话会议和远程会议时利用网络摄像头，将自己“呈现”给团队，特别是老板。
- 努力提高形象，强调自己的精力和活力。是的，他将头发染黑（在开始使用网络摄像头之前）并且减了20磅。
- 无论何时使用摄像头，都要确保灯光足够明亮，麦克风音质好，而且背景整洁，让视频显得更专业。

以上某些点可能在你看来比较极端，但达林最终成为了公司里唯一一名现场客户关系代表，并且在退休后的几年也一直工作。在萎缩的文化中生存并且求得职业发展，你必须工作优秀，能够推销自己的贡献和给公司带来的价值。

竞技场文化是扩大员工间竞争的一种文化，让他们相互竞争，以期效率和利润最大化。在这种文化下，你会看到公共的“记分牌”和公告，用来突出员工个人的贡献。每位员工都会加班工作，能够让其他人在公告板上看到自己的名字，因为“默默无闻”意味着你第二天离开公司都不会有人注意到。

有时，竞技场文化与萎缩的文化是相结合的，其实就是让人们积极争夺不断缩小的馅饼里的较大的一块。

在竞技场文化中生存的关键是不要成为最优秀的人，但确保至少有两三个明显比你差的人，把他们看作“煤矿中的金丝雀”。如果事情发展不顺利，你会知道他们一定比你先走。看看自己周围的人，如果你看不到 “金丝雀”，那你很有可能就是那只金丝雀。

维维克·瓦德华（Vivek Wadhwa）是一位年轻的股票经纪人，就职于曼哈顿一家大型经纪公司。公司文化是近乎残忍的达尔文主义（Darwinian），每周增开的新账户和拿到佣金的数额决定了员工是否能在公司生存。在维维克的公司，新的经纪人最多坚持八个月，之后要么辞职，要么被炒鱿鱼，只有不到 20%的新人能够在第一年中存活下来。

维维克喜欢自己的工作，但他并没有表现出特别的有野心或好强。他也没有那种兄弟会的心态，甚至在派对上待几个小时都不会感到兴奋。“在很多方面，我都与公司文化显得格格不入，”他说，“从一开始我就只在乎两件事，新账户和佣金数额。”

维维克想要确定自己能够在这场重要的游戏中成为赢家。他注意到，在开始的 6 个月左右的时间里，资深经纪人对新人的帮助最多。但当新经纪人开到 15 个或 20 个新账户时，这种帮助会突然停止，随之而来的就是压力。维维克意识到的事情还有，当新经纪人有一个漂亮的账簿时，如果他离开公司，这些账户就会被资深经纪人瓜分。所以他们很高兴看到新人工作 6 个月或一年之后再离开。

维维克意识到的真正对他有帮助的事情是，6 个月是个标志，此时资深销售代表们（以及他的经理）会给他施加各种压力，这只是游戏的一部分。当经理取笑他不与同事们出去喝酒时，维维克说这几天晚上自己去了当地的印度社区活动中心，与新客户见面、签合同。他是真的做了。突然，与这些人聚会的压力消失了。维维克最终挺过了第一年中艰难的几个月，经理也开始把他看作“值得保留的人”。在竞技场文化中，关键是要了解游戏规则以及如何保留分数。

如果你不清楚游戏的特定规则，也没有保证你会赢的坚韧意志和决心，竞技场文化就会先把你嚼烂，然后再吐出来。积极的一面是，赢家常常会得到超值的奖励。

幸福文化就是在公司中不容忍任何负面情绪和意见。在这样的文化下，人人面带微笑，和蔼可亲，彼此相互关心。这似乎营造了一种愉悦、积极向上的氛围，但如果走向极端，这种文化会让人倍感压抑，特别是在你本身就不是一个乐天派时。

杰夫·巴恩斯（Jeff Barnes）是纽约切尔西附近的“你好”咖啡屋的一位轮班主管。23 岁时，他在纽约大学读大四，而且能够在满课的情况下做一份全职工作。杰夫野心勃勃，他决定毕业之后继续在“你好”工作。公司将业务向美国东北部扩张，在新泽西州、马萨诸塞州和康乃迪克州都开设了分店。他的目标是在大四做到店长助理的位置，毕业时成为店长，然后再升到地区经理，直到成为区域总监。

但杰夫连续两次申请店长助理的位置都遭到了拒绝，这对他的打击非常大。作为轮班主管，杰夫在管理上非常严格，他知道自己组的生产率测评结果是店里最优秀的，而且在地区排行榜上都名列前茅。杰夫的性格非常适合竞技场文化，因为他有赢的冲劲和决心。但杰夫没有意识到自己是在幸福文化下工作，而非竞技场文化。

杰夫第一次失去店长助理的位置时，他以为是因为自己还是一名学生，他们认为自己无法承担新职位的工作量。但一年之后，第二次申请时，他们却从其他地区聘请了一位新的店长助理，而且还是一位全日制的学生。杰夫准备辞职，很显然这背后肯定有问题。他决定要与店长面对面谈一谈，在离开之前跟她说说自己的想法。

他站在她的办公室里，不愿坐下。“我就想说明辞职的原因。店里没有人比我更努力，我这组的生产率最高，我也是这个店里最负责任的人，但这些似乎都不重要，因为你把助理的位置给了别人！”他愤愤不平地说。

“你确实工作努力，但是太努力了。”经理回答道。

“什么意思？”

“你把多少时间和精力用在了新员工培训上？”她问。

“很多。你知道留住优秀的人有多难。每隔几周我这就有新人过来。”

“你这一组的人员流动几乎是店里其他组的两倍。你觉得这是什么原因？”

杰夫翻动着眼睛，他知道经理接下来会说什么。是的，他承认自己过于严厉，与组内其他人相处不太融洽。但这才是提高生产率的真正动力。站在他们身边，唱着圣歌，这并不能让工作完成。他之前与她讨论过，似乎没有必要再重复一遍了。但这也没有阻止他。

“最后还是得看结果。”他说。

“我完全同意，结果也包括员工对你的管理风格的失望。他们从来没有跟你说过，自己上别的班就是为了躲避你。离开的员工不会再来‘你好’咖啡屋，就是因为他们认为你代表了公司对他们的真实感受。你知道这是事实，我们之前也讨论过。”

在继续之前，她深吸一口气。

“你想退出，对你来说是好事，因为我已经决定让你离开了。尽管我欣赏你的投入和努力，但你做事的方式不适合我们公司。”她说，在给他致命一击的同时她努力让自己保持友好的态度。在幸福文化中，当他们请你离开时，总会面带真诚的微笑，温柔地告诉你。一旦你离开了，他们的门便永远不再向你敞开。

这不是一个精心包装好的喜剧，在这里边杰夫突然醒悟。相反，在自以为是的愤怒中，他大步走出了“你好”咖啡屋。

他在另两家文化都是“友好”型的公司中工作同样不顺利，但他最终找到了适合自己的公司——一个竞争超级激烈的办公用品公司。因为杰夫缺少自我认知和灵活性，所以他找公司的一个重要标准就是公司文化与自己本来风格相符。但大多数成功人士是不会寻找适合自己的公司文化，而是调整自己的风格以适应公司文化，以求得职业发展。

不要期望公司文化适合你，你应该调整自己以适应文化。

近亲文化来自历史悠久的公司，所有员工都以公司的发展历程为荣；严格遵守长期形成的过程、步骤和工作方法（一般都已过时）；有着内部语言，在外人听来就像外语。这些公司通常对自己这种保守的环境有着非正常的骄傲感，公司里充斥着大大小小的领导，他们的整个职业生涯都是在这里度过的。

通用汽车、布鲁克斯兄弟和杜邦公司就是近亲文化的三个典型例子。他们的内部语言充满了各种口号和三个字母的缩写词，任何正常人都会觉得难以理解。

在这种文化下，第一个成功的关键就是理解它，研究它。学习公司的历史，与老员工聊聊“过去辉煌的日子”。完全吸收内部语言、习惯和已经在这种文化下熏陶了几十年的人们的思维模式。

第二个关键就是接受你无法改变这种文化的现实。很多领导都想过要改变近亲公司里根深蒂固的文化，但这种想法只会阻碍他们的职业发展。但也有少数特例（例如，阿博菲奇服装、哈雷戴维森），但你最好的选择还是想办法拥护这种文化，而不是改变它。

总的来说，只有一种情况能够改变近亲文化，就是外部事件的戏剧性转折对公司的生存造成了严重的威胁。当生存要求公司做出根本改变时，必要的改变才有时会发生。也只是有时。

文化冲突

玛丽安娜·罗萨多（Mariana Rosado）是一家家居用品直销公司（年营业额超过 1 亿美元）的销售副总裁，这家公司创立于 19 世纪初，总部位于明尼苏达州。她曾是南美区域（总部在墨西哥）的销售总监，直到公司的 CEO 和所有人将她提升到全国销售副总裁的位置。

在南美，玛丽安娜连续七年创了销售增长纪录，身边有一支积极性非常高的团队。她是一位有感召力的领导，在区域和全国性会议上，面对大批销售人员从不怯场，所做的演讲和展示激情四射。

她在墨西哥组建的业务团队堪称一流。每一个成员都是她亲自聘用的，团队以她的使命为核心，每年都要增长业务和扩大销售团队。玛丽安娜的聘用程序更多是靠直觉，缺少系统性。具体能力一定会看，但她更多的是靠直觉来选择符合公司文化的员工。在南美区域，员工们对玛丽安娜展现出了极高的忠诚，而且对共同努力得来的结果也有着高度的自豪感。当美国总公司正在与下降的销售额斗争时，他们在南美却享受着每年 23%的增长。

玛丽安娜一直坚持（并非有意）的是经典的个人崇拜文化，但总公司太满意他们的财务业绩了，所以没有进行干涉，任凭销售额增长了几年。总部注意到了她所带来的结果，当美国总部继续挣扎时，所有人很高兴她接受了升职，成为了销售副总裁，同时回到了位于明尼苏达州的总公司上班。

玛丽安娜来过美国公司办公室很多次，不管是开会还是参加活动，但直到她每天来上班时，“总公司办公室文化”才真正揭开了它的面纱。典型的近亲文化，有着大家引以为豪的一百年历史的公司。

在正式上任的第一天，玛丽安娜穿着鲜红色的职业套装走进了这个死气沉沉的总部。她在公司办公室员工前做了一次入职讲话，看到大家如此沉默，她有些惊讶。“这些人睡醒了吗？”她后来对一位同事说。

接下来的几个月中，她开始听到“有些人”（没有人亲口对她说）对她的工作风格不满意。“有些人”并不在意她在南美公司创造的辉煌，面对这些批评，她有些困惑。

“有些人”认为她是受自我价值感的驱使，并且称她身边的人为“玛丽安娜的崇拜者”。取笑她每次为销售人员做大型演讲时，都会以一个（意料之中）悲情故事结尾，这让观众有些惊讶。还有一些人认为她“徒有其表”，其他人则更龌龊，说她不过是个“绣花枕头”。在她背后，他们认为玛丽安娜并没有真正的业务能力，只会大肆宣扬花里胡哨（有时并没有实操价值）的计划，鼓动（教育水平低、无经验的）销售人员行动。玛丽安娜尝试着忽视这些批评，可他们的评价就像一根刺深深扎进了心里，鞭策着她更加努力来证明他们是错误的。

玛丽安娜带了墨西哥团队的几个人过来，但在由矩阵式团队决策（而不是玛丽安娜）和看重数据（而不是玛丽安娜的本能）的这种文化下，他们在工作中步履维艰。

最终形成了各种文化、自我和性格的碰撞。遗憾的是，玛丽安娜在这场战斗中注定要失败。不到两年的时间，她就从公司“退休”，重新回到了墨西哥。现在回过头来看曾经的这段经历，玛丽安娜认为是自己亲手断送了大好前程。

“我有一个非常大的盲点。”她说，“在墨西哥，我的团队非常团结，而且也很支持我，我自认为总部也会有同样的文化。因为所有人包括 CEO 亲自把我调入总部，其他人有什么理由不支持我呢？这就是我的思维模式，很显然我不应该这么自以为是。”

玛丽安娜现在知道了，自己会本能地喜欢某个人，自认为对方也会喜欢自己。她会快速与他人“建立关系”，认为对方也会同样这样做。所以在一个很多人（或许是大多数人）并不相信“一见钟情”的公司环境下，她进入公司时就有些措手不及。南美公司的员工（或许是正确地）拥护她的领导，但美国公司的文化则希望她用实际行动赢得大家的尊重，而不是单靠想。他们期望她能和他们保持一致，而不是相反。

从最近一次谈话看来，玛丽安娜还有其他几个盲点。最严重的就是，她没有意识到，当自己认为某位同事不是自己的“粉丝”时，第一反应就是把这个人划归为“敌人”。你要么加入“玛丽安娜团队”，要么出局。当她能够完全控制自己创建的（就像在墨西哥所做的一样）团队时，她周围就很自然地充满了忠诚的粉丝。但随着时间的推移，在这个位置的公司领导者很容易地认为几乎每个人都是自己忠诚的粉丝（“除了那些卑鄙小人”），而其他不是的则会受到驱逐。

即使与这些文化存在问题的公司相比，你的公司文化更加积极向上且有力量，但我们还是要了解自己所处公司的具体文化。虽然从外表来看某些公司非常相似，但实际上它们却有着不同的文化，而且有时是业务模式的区别造成了文化上的差异。

例如，全食（Whole Foods）、乔氏（Trader Joe's）和绿芽农夫市场（Sprouts

Farmers）这三家超市就有着相似的业务，它们都关注于经营健康、自然和有机的食物，但在这三家超市都工作过的员工会告诉你，它们的业务模式和文化虽然只有细微的差别，却是不容忽视的。

全食超市的使命是支持健康生活——不仅为了顾客，还有员工。在这种精神的鼓舞下，它们想要建立一种可以让员工真正蓬勃发展、开心工作的内部文化。全食超市的员工工资（和食品价格）要比其他两家超市高，乔氏和绿芽侧重提供低价格的健康食品。在乔氏工作的员工大部分是短时工作者，公司也期望在适当范围内有较高的人员流动率。在绿芽，人员流动缓慢，因为它更倾向于通过提供长期的职业发展道路来留下高价值人才。讲到这些的目的不是要列出它们的每一个细微差别，也不是要说明哪家公司的工作环境更好，而是要说明即使公司的业务模式相似，文化仍会有很大的不同。

博比·哈特维尔（Bobbie Hartwell）是绿芽超市分店的经理助理，但全食超市在同样地区开分店时，她应聘成为了经理。她认为这两份工作没有太大区别，我们完全可以理解这种想法，但事实却是，区别巨大。“在全食工作，我都要精神分裂了，”博比说，“他们将大部分的关注点都放在了建立客户体验上，维持着农民和食品生产商以及顾客和员工的生活方式。这当然好。他们不太关注低成本，但这并不意味着不关心发展和利润。事实上，在承担着创造完美的使命导向型环境的压力下，还要肩负着促进发展和提高利润的压力。这比我在绿芽工作时的压力大多了。”

在绿芽，博比所处的工作环境压力相对较小，这也是保持低成本和管理库存的合理动机。在全食，一切都在严密地追踪和测量下。不能缩减成本，只能通过增加店内顾客流量和销售量的方式提高利润，对于这一点她感觉压力很大。

不了解自己所就职公司或可能就职公司的文化是职业发展道路上的绊脚石。在博比的案例中，她最终还是回到了绿芽工作，在这里她更开心，从收银员的职位做起，直到一年后经理助理的位置出现空缺。毫无疑问，如果她在决定离开绿芽之前能够更清楚地了解两家公司文化的差别，那博比的职业发展会更好。

记住，真正的文化不一定和人们描述的一样。真正的文化反映了人们如何合作，而不是他们认为的应该如何行动和反应。在公司里，最成功的人是想办法去迎合工作文化，而是通过灵活调整自己的工作风格和习惯，不是通过放弃真正的自我。

开始思考

本章涉及了很多内容，你最好暂停一下，在进入下一章之前对一些内容进行回顾。学会识别工作环境中的文化和办公室政治，这就要求你转变思维模式和培养新能力。

- 你对办公室政治持什么样的态度？是想避免的厌恶之事，还是令人沮丧的必需之事？或者不论是在工作还是在日常生活中，几乎所有与其他人的活动都包含了人类政治因素，你能接受这样的现实吗？
- 你怎么看待职场中的友谊？你明白他们并非真正的朋友，而只是友好的同事吗？你与工作之外的朋友和家人关系好吗？这可以帮助你保持清醒。
- 在整个公司中你是否有较广的人脉，不仅仅局限于日常的正常互动？如果没有，你会做什么来扩大自己的人际关系网？
- 你有多了解公司的端对端业务模式？你知道关键部门是如何合作来完成公司目标的吗？你的产品或服务有什么独特之处？业务增长的主要驱动力和潜在威胁是什么？如果你不清楚这些问题的答案，你可以做什么来深化自己的业务知识?

尽快行动

- 虚心做一名“学生”，继续学习自己的业务模式，努力广泛和深入地了解影响公司成功的每一个部门、功能和过程。
- 公司中会存在真正擅长识别人类动态的人，找出这些人，以他们为榜样。
- 开始实施“积极政治”，抓住每个机会超出对方预期地帮助他人。(真心地)认可他人的优秀工作。
- 密切关注公司和工作团队里的政治动态：谁有正式权力？谁有非正式权力？如何做艰难的决策？哪些人比较负责任，哪些人不?
- 留意自己的工作团队内谁对“政治”不敏感以及他们犯的错误。
- 对你来说有什么人特别难相处吗？你如何利用积极的政治来建立更有成效的工作关系?

长期的想法和行动要点

对于一点儿也不了解自己公司的人，你会如何向他描述公司的文化？在这种文化下，能够让员工高效工作的因素是什么？

针对以下方面，为公司的内部文化打分，思考一下，这些相对优势和劣势会如何影响公司文化。

- 有趣的目标：除了实现财务目标，员工是否认为公司的存在还有其他重要原因？
- 值得信任的领导层：员工是否信任领导层，支持他们领导公司？
- 清晰的目标和预期：员工是否知道公司对自己的期望以及自己的努力在

实现战略性商业目标上所起的作用？

- 足够的技能和资源：员工是否认为自己具备应有的技能和资源，可以做好自己的工作、实现既定目标？
- 充满活力的环境：工作环境是否有助于员工在工作日中保持精力充沛、斗志昂扬？
- 无处不在的高效率：是否所有的员工都保持较高的工作效率，在大范围内，可以公平分配工作量，不会有员工因为能力出众或有义务而承担较多工作？
- 愉快地投入：员工每天工作时，是否真正地投入其中，有快乐和兴奋的感觉？
- 团队合作精神：在需要帮助时，员工是否感觉自己可以依靠公司中的任何一个人？
- 奖励和认可：员工是否认为公司给予的奖励和认可有意义并且公平、客观？
- 发展机会：员工是否认为自己在公司里有成长和发展的机会？

想要对公司文化进行一次彻底的评估，请访问 www. workplacepoker.com/culture-assessment/。

当与他人打交道时：

- 从始至终保持你的真诚——总要保持专业，记得公司的利益。
- 从公司的角度而非个人角度，说出关键的反馈或反对意见。
- 不要依靠保密性。假设所有事情都会被公开，再相应地选择你应该透露的内容。
- 成为真诚的模范。
- 成为一名优秀的倾听者，作为一个“安全的”地方，其他人可以毫无顾忌地表达自己的失望情绪，不用担心你会说出他们的“小秘密”。

- 不要转述绯闻和未经证实的判断，不要传播谣言——当你听到某些事情时，花一天的时间来考虑这件事的可信性。

第 3 章

勇敢地迎接一切打击

有些道理你也懂，但我还是想再说一遍。这个世界不是只有阳光和彩虹，它也是一个卑鄙和肮脏的地方，如果不奋力反抗，它会把你击倒，你将永远被它踩在脚下。你、我、任何人都可能会生活得很艰难。但这并不在于你出手有多重，而在于你能挨多重，并且坚持向前，你能承受多少，并且坚持向前。这才叫胜利……前提是你一定要愿意面对打击。

——选自洛奇·巴伯对儿子说的话，《洛奇》（*Rocky Balboa*）（2006）

你在工作中总会遇到不顺心的事情，最近也好，过去也罢。错过了本该属于自己的升职机会，同事对你说了谎话或是别人因为你的出色工作而受到了称赞（或是你成了别人的替罪羔羊），又或是你失去了工作，老板是个浑蛋……工作中会出现各种糟糕的事情。不管发生了什么不顺心的事情，你可能都会感觉自己受到了打击。但我想问一句，你有没有反思，自己为什么会处于如此境况？

遗憾的事情必然会发生，但为什么会发生在我们身上？对于很多人来说，最深入、最真实的答案在于他们想要避免的这个打击，因为如果你现在所处的境地是你自己的决定或行动的结果，是你自己的选择——如果你有能力创造其他环境，但你却创造了这样的境况——这才是毁灭性的打击。

对于职业发展来说，完全、彻底地“掌控”自己的境况有着深远的价值。不只是承担一份公平合理的义务或责任，而是承担下所有的责任。我们并不是想用你过去的行为、决策失误或选择不当来打击你，而是让你看清自己和自己所处的世界，没有自我怀疑或自责，为未来的挑战做好充分准备。

几年前，我有一个特殊的机会可以在真实环境中看到这条原则的作用，当时我分别面试两位刚刚从原公司辞职的 CEO。两位都是公认的有能力的领导，但面对（不同的）逐渐萎缩的市场，他们都没能扭转业绩下滑的局面。两个人都很强势，甚至有些粗鲁。并且随着业绩下滑，他们与员工和董事会的关系也每况愈下。当我分别与他俩讨论这种情况时，我们彼此间的对话完全不同。

“他们不给我足够的时间，也不肯投入所需的资源，”一位前 CEO 向我描述他失败的根源。“我个人最大的失误就是太信任董事会了。我相信了他们聘用我时所说的话，但经过了几个艰难的季度之后，每个人都急着找退路。”他开始给我讲他的业务提升计划，还有计划从哪里开始偏离了既定方向——缺少资源，缺少耐心，或在某些时候下属的执行力差，他讲得很有道理，也没夸大其词。我有一种强烈的感觉，他所说的一切都无半点虚假，但当我离开后，回想我们的谈话时，我恍然大悟，他是如此巧妙地把自己置身事外。他对自己为公司做的每件事都感觉良好，只是遗憾其他人没有他那种战略眼光。我与另一位前 CEO 的谈话是在几个月之后，风格完全不同。

“即使事情过去了半年多，我还是无法接受，”他告诉我说，“脑子里一直回放这场输了的‘象棋比赛’，想了很多种可能，直到我弄明白自己当时应该怎样做才能赢了‘这场比赛’。”他没有在自我打击，也没表现出情绪低落。如果说他真的在审视自己的话，那也只是强烈的好奇心，想要弄清楚自己到底是哪里走错了。他也想在市场萎缩的情况下扭转业务下滑的局面，与失去耐心、不想再投入所需资源的董事会斗争。但当我问他，在这种情况下他个人最大的失败是什么时，他立刻解释了自己哪里判断失误了。

“我低估了竞争对手对我们的定价策略的反应，我亲自挑选的市场和销售部的负责人，他们曾经很成功，但是在扩大的市场内，而不是萎缩的。这给了他们特定的盲点，反之，他们在组建团队时也存在同样的盲点。”他告诉我，“我想底线就是自己在解决增长问题时太草率，没有真正、深入地了解所有的这些因素——没有真正了解竞争者的策略，没有意识到我们的顾客正在改变，没有看到自己团队的局限性，等当我明白时，一切都太晚了。”

这两名 CEO 都肩负着增长目标，但事后来看，这些目标或许根本不现实。但在讨论他们失败的根源时，第二名 CEO 明显更愿意承受这次的打击，更愿意“掌控”这次失败的情况。

现在，这两名 CEO 经营的业务都在蓬勃发展，他们被看作成功的公司领导者，对自己的职业发展方向也很满意。但第一名 CEO 经营的是一家制造公司，与之前离开的公司规模一样大。第二名 CEO 正领导着不断发展壮大的公司，作为转型的领导者，他在世界上都享有盛誉。我认为，第二名 CEO 职业发展成功的主要原因是他愿意“掌控”（吸取经验）自己的失误。

你可以在人们身上看到一种更深入的自信，他们了解并且坦然接受自己的错误和失败。可以这么说，他们“在自己所处的这种状态中很自在”，我们经常会被这样的人吸引，可以很舒服地在他们身边，因为在他们那里不存在虚假、自负和自我厌恶。越接近这种特殊的心理和精神状态，我们就越能充分地面对眼前的挑战。记住，这不仅仅是处理糟糕的境况，而是以某种态度应对糟糕的境况，这种态度对你的职业发展起着加速的作用。

问题本身可能在某种程度上（或是完全）超出了你的控制，你也可能感觉这种情况也不会促进自己的职业发展。也可能不是。但你对这种情况的反应一定会是一剂加速剂，而这正在你的控制范围内。

不要总是关注自己身上发生了什么，而是关注自己做了什么（没能做什么）造成了这种困难局面。问问自己：

- 我做了什么，或是没能做什么，才造成或促进了这些情况的发生？
- 我为什么这样做？
- 我从这种情况中学到了什么？
- 继续前行时，我的心态有什么不同？

特别要注意上述的“为什么”问题。关注自身，关注你的假设（为什么做出这些假设？）你的盲点（你为什么没有想到会有这样的结果？）以及精力、准备或洞察力的缺少。通常来说，“为什么”问题深入的答案正是防止未来出现类似困难的关键。

个人责任的冒险

杰里米·皮什（Jeremy Piche）是肖恩探测公司的一名工程项目经理，肖恩探测是位于加拿大亚伯达的一家能源服务公司。他尽职尽责、工作努力，几乎在肖恩工作的每个人都喜欢他。他也是一个完全“掌控”自己项目的人。如果哪里出了问题，他会承担全部责任，不管是否有其他可以“脱罪的”因素。这是一个值得敬佩的品质，也让杰里米成为了一名出色的项目经理。但这也使他的职业发展严重受挫。

他说：“我们与另两家公司的合作过程很复杂，作为这个项目的负责人，我要做时间安排和预算。”他所在的团队是由三家公司的员工共同组成的。“我以前没有与其他公司的员工合作过，所以我做了一些错误的假设。”

当有些必需的文件没有在相应的政府机构登记备案，特定的检验监督没有正规的书面记录时，项目遭到了很严重的延误，而且面临终止的危险，沉没成本超过了 10 万美元。

在一次紧急项目审查中，其中心内容就是让项目重回正轨，杰里米自己承担了所有的责任，即使来自其他两家公司的成员才是真正应该对错误负责的人。“我认为，让事情重回正轨的最好的方式就是避免相互指责，只关注于接下来要做的事情。”杰里米说，“但这件事最终让我付出了惨痛的代价。”

团队中的其他人都非常愿意让他来承担全部责任，由于他的功劳，项目又重新回到了正轨并且很成功。但杰里米在肖恩探测公司的老板对他却失去了信心。两家合作公司也暗示，希望以后的合作项目能由其他人管理。虽然杰里米没有失去工作，但在接下来的几年内，他的事业一直处于停滞期。

“事后看来，我依然认为这最终还是我的责任，我不应该让其他人这么容易地逃脱责任。因为这造成了一种错觉，没有人犯错，但这并不是事实。”杰里米今天说道。

大多数的公司文化中存在一种独特的合作/竞争动态。为了完成公司目标，我们必须彼此合作，但为了自己的职业发展，我们也要相互竞争。在公司中，一个大浪潮不能把所有船都举到相同的高度。在一个成功的项目中，有些人得到的称赞多，有些人得到的称赞少；有些人得到更多的奖金，有时是出于跟实际工作表现不相关的原因；有些人得到升职，有些人则原地徘徊。再说一次，这并非总是由能力决定的。

所以，对于困境，从内心承担全部责任很重要，但一定要注意自己传递给外部的信息。这并不是说你要有意地让其他人成为替罪羔羊，只是小心不要让他们逃脱责任。你可以承担责任并且也要让他人为自己的错误负责。

承受打击并不意味着让他人逃脱责任。

只要事业不顺心，我就会想到老朋友亚历克斯（Alex），就是为了找些安慰。亚历克斯和我已经是二十多年的朋友了，从刚开始的时候，他在职场上就霉运连连。原本大学里应该读四年的机械工程课程，他只读了两年，因为父亲说家里没钱了，无法再承担他的学费。所以亚历克斯被迫接受了一个两年的副学士学位，然后就开始找工作了。只有一个两年的学位，他能找到的最好的工作就是绘图员了，而且是在为数不多的手工绘图公司中的一家。接下来的六年里，他都是一名传统的手工绘图员——直到公司倒闭。

亚历克斯开始到人才市场面试绘图员的职位，但他没有任何电脑绘图的经验，而电脑画图早已成为了行业标准。很显然，他需要追赶上技术发展的步伐，也需要赚钱养家，所以他决定先做销售，晚上去夜校学习。做了销售之后，他发现自己在销售上很有天赋，同时意识到自己这种外向、爱交际的性格不适合整天坐在办公桌前（或对着电脑屏幕）画图。他似乎天生就是做销售的料，无须花太多时间工作，收入却不错。所以做房产销售的几年里，他赚了不少钱，娶了高中时的心上人，买了一幢漂亮的房子，有了两个孩子。生活很幸福。

接着经济突然进入低迷期，房产销售量急剧下降。我们是十多年的好友，所以亚历克斯打电话给我，问我的公司是否需要人。很遗憾，就像处于周期性的业务萎缩期内的其他公司一样，我们也要削减 10%的销售人员。亚历克斯提到，他能够参加的几个面试，进展并不顺利。因为那时，我正在全力开发销售培训和指导课程，所以我们约定一起吃午餐，聊一聊，当时我们谈论了他的面试策略。

“好消息！”我们刚坐下他就迫不及待地告诉我，“我们要有第三个孩子啦！”亚历克斯真的很开心，但我不想扫他的兴，很显然，这不是一个好时机。

他看出了我的担忧，我也立刻感觉有些内疚。一个孩子的降生肯定是好消息。在午餐期间，我了解到亚历克斯的家庭生活状态非常积极乐观。他的妻子美丽、爱家庭，而且全心支持他。他的两个女儿健康、快乐，期望下一个宝宝是个男孩。但他现在的职业和经济状况不太稳定。在经济衰退之前，除了销售房地产以外，他还投资了一个土地开发的大项目。这个投资现在已经缩水，拿出钱来的希望很渺茫。

所以亚历克斯需要一份工作，一份薪水丰厚的工作。而他参加的一些面试毫无进展。我问了他一些很正式的问题，对于任何在描述电话销售的销售人员我都会问这样的问题，他的回答也让我更清楚地认识了亚历克斯的整个生活状态。

“在面试之前，你会做什么样的调查？”我问。

“这个面试通知得很突然，所以我没有收到多少提前通知。而且我很了解面试的公司，所以我觉得不需要提前做太多调查。”他回答说。

“你怎么知道他们期望的具体技能和经验呢？”

“网上的职位描述已经写得很详细了。”

“那么，这些技能中他们最看重什么？”

“什么意思？”

“嗯，职位描述里的所有内容都很重要，这一点毋庸置疑，但哪一点对他们来说最重要？他们最难找到具有什么技能或能力的候选人？”

“我不知道。”

“这对你来说是在一个全新的行业做销售，与房产销售有一些根本的区别，所以你对这个行业做了什么样的调查研究？”

“就像我说的，我了解这家公司和他们的产品。销售就是销售。”

“好吧，所以……你为什么认为它进展不是很顺利？”

“首先，我甚至不确定他们为什么让我加入。这个人好像对我不是特别感兴趣。他显得有点儿冷淡，问了我几个真的是很离谱的问题。例如，如果我是一种动物或植物，我想成为哪种？我讨厌哪种人？我是做销售的，和每个人都能相处得来，他明显不喜欢那样的答案。都是这样愚蠢的问题。”

“所以他是一个不合格的面试官。”我说道。但他并没有听出我这句话里带的讽刺意味。

“是的，他确实是。”亚历克斯使劲点头同意，“什么样的公司能有这样的员工？如果他们有这样的员工，我很可能就是躲过了一劫，这里不适合人们工作。”

“你带了之前工作的任何证明或案例吗？如销售报告或其他能够证明你销售能力的书面材料。”

“我真的没有那样的材料。我之前公司并没有给我们提供那样的东西。而且我离开得很突然，没来得及带太多材料。但我给了他一些很好的参考。”

我们的谈话又进行了一个多小时，毫无进展。亚历克斯对面试准备得不是很充分，但每次，他都有充分的理由。环境不允许他准备、没有信息，或是他之前的雇主没给他提供相应的数据；照顾孩子太忙了（因为他的妻子必须做一份兼职工作），或者职位描述不准确，面试者没有做好充分准备……你可能想到的任何理由。总会有理由，没有做充足准备从来不是亚历克斯自己的错误。

我真的很喜欢亚历克斯，我特别希望告诉你们，我们之间的谈话给了他启示，而且突然意识到造成自己经济危机的正是他本人。亚历克斯一直掌控自己生活的所有情况，但事实并非如此。随着我们之间的对话朝着那个方向发展，亚历克斯开始有些恼怒和不耐烦，所以我们草草结束了午餐，握手道别，约定几周之后再共进午餐。但那都是 6 个月之前的事情了，我一直没有他的消息。我希望他过得不错。

我了解亚历克斯的是，他在上大学之前就已经非常清楚父亲的经济状况不佳。所以当父亲告诉他没有钱的时候，他不应该表现得那么震惊，但他没有为类似的情况做任何准备。并且亚历克斯知道自己的画图技能很快就会过时，但因为公司不肯投入经费购买电脑和软件，对此，他也是持事不关己的态度。公司倒闭也应该是意料之中的事，他们已经被时代抛弃了，但他也没有做任何准备。房产销售也是一样，他早知道市场会紧缩。但因为自己有销售天赋，所以亚历克斯从来没有让自己变得更优秀的动力。他没有参加销售培训研讨会，没有读相关的书，从来不向同事学习。他就是顺其自然，开始确实发展不错，直到出现问题。

但当你问亚历克斯他经历的所有职业挑战时，根本原因总是……其他因素。尽管亚历克斯在职业上遇到了问题，但他从来没有想过要真正地承受这份打击——承认自己是所有情况的控制者。因为承受打击是件非常痛苦的事情。你不能责备老板、经济情况、公司管理、配偶、父母、孩子、朋友或坏运气，所以如果你不能责备外人，那剩下的只有自己。最后你要让自己意识到，今天所处的境况完全是自己一手造成的，它很艰难，也不舒服。它让我们关注于我们能够控制的，并促进我们行动。不过，刚开始情绪上遭受的痛苦，可能对很多人来说都难以承受。

在所有的职业经历中，可能没有比因为表现不佳（不管是真的或是他人认为的，痛苦几乎是相同的）而被解雇更痛苦的了；因为缩小规模或重组而被解雇所带来的痛苦排在第二位。痛苦不仅是情绪上的，还有经济方面的。不过，为了将痛苦最小化，大多数人都会将造成这种境况的责任推给别人，或是经济、政客、坏天气，干脆说是运气不佳。如果你的老板不诚实——对公司编织关于你的谎话，对你说关于公司的谎话，用欺骗和阴谋致使你失业，而这一切只是为了保护他自己的工作。那任何理智的人都会说“你能够控制那些情况吗？”事实是你选择了那些情况，即使被骗了，但你当时还是应该更敏锐。

当涉及就业问题时，没有运气之说，不管是好的还是坏的。没有偶然情况，也没有受害者。所有事情都事出有因。不能仅仅因为自己没有想到，或受到了不公平地对待，就给自己找借口，逃避责任。你自己做的这些决定。虽然你感觉自己只陷入一个选择，但如果仔细想想的话，很可能是你自己做的决定才造成了现在的这个“陷阱”。

当涉及就业问题时，没有运气之说，不管是好是坏。
没有偶然情况，也没有受害者。

国际象棋比赛进行到一半时，玩家不能抱怨自己的棋子摆错了位置或没有太多的选择，因为现在这种情况是他自己一步步造成的。如果重新回放自己人生的这场象棋比赛，你会看到，在很早之前，这些选择和决定就已经把你置于了一种在感觉上没有任何选择的境地。

但还有一个*更大*的教训——即使你会感觉自己受制于过去的选择，但事实上你一直都有选择，甚至直到今天。

你可能一时难以接受这个残酷的现实，因为你一直喜欢沐浴在温暖的水中——将责任推给他人或环境，所以突然向你泼冷水——个人责任时，你会有些难以承受。

我从未想过要成为一名职业咨询师，但在我不断地创办、举行各种关于提高职业技能的研讨会和网络研讨会过程中，人们开始向我征求个人意见。这些谈话一般是以在工作中遇到的某些困难开始，对方总会有一种强烈的受到不公平对待的感觉，不管是来自他人还是生活本身。我通常会提出一些问题，帮助他们厘清对于自己对所处环境的影响和责任。

当他们说：	我会问：
我的工作环境不和睦。	我为什么选择这样的工作环境？
我的几位上司都不好。	这一点说明了自己什么？
我不愿在公司里使用政治手段。	你为什么拒绝？
这是我在这个领域里能够找到的最好的工作。	你为什么把自己限制在这个领域里？
这个行业里的每个人都很辛苦。	你为什么把自己限制在这个行业里？
我不具备相应的教育背景。	对于这个问题，你做了什么改变？
他们基本上都是提拔朋友、盟友，而不是看个人能力。	如何让自己变得更优秀，让他们无法忽视你？
我列出了所有不合格的人。	做这件事有什么意义？
这份工作并非向他们告诉我的那样。	你做了什么独立研究？
我没有存款，所以我会第一时间接受提供给我的体面的工作。	是什么选择将你置于了现在的经济状况？
他们对我说谎了。	你为什么没有察觉出？

这件事为什么这么重要？你认为其他人才是造成生活中糟糕境况的罪魁祸首，可谁又在乎呢？我在乎，因为它限制了你清楚思考未来行动和决策的能力。

所以，你在本章开头时就提到了你在工作中会遇到一些不顺心的事情。更准确地说，是很多不顺心的事情。但总会有某件事在你脑海里挥之不去。

因此我要再问你一遍，你认为为什么会发生这件事？你做了什么，或者没做什么才将自己置于这样的境况？如果你能够清晰、深入地思考，找出这个问题的真实答案，那这将会是一个很大的进步。

当然，你也必须问自己，你会怎样调整自己的做事方式？职场瞬息万变，而且呈不断加速的趋势。但你呢？你改变了吗？是主动改变还是被动改变（受迫于他人或环境）？对于未来的挑战和机遇，你做了什么准备？

如果说事业和生活的发展一定会遵循一条基本原则的话，那就是个人要对所有情况和环境承担全部责任。如果明天火山在后院爆发了，房子被熔岩覆盖，你还是应该对此负责。当初你不应该仔细研究家所处的地理环境吗？承担个人责任意味着不会推脱责任，意味着不能找借口、提到他人或将所处环境归咎于外部事件、不公平或坏运气等。

个人责任就是说，每一个行动、思考或感觉都来自选择，而不是强制。只有你才能选择自己的应对方式。个人责任是一种态度、一种哲学和一种存在方式。所以个人职业责任意味着接受现实：你所做的、所处的位置以及未来想达到的某个位置都掌握在你的手中。

承受打击、享受生活

承认失败：不必将失败公之于众，但至少要对自己诚实。当你没能充分发挥自己的潜能时，直面打击，承认失败。不要自我打击，承认自己的错误，从中学习经验教训，承诺以后会做得更好。我们可以追求完美，但不要期望做到完美。

注意自己的语言：避免使用类似于“不公平”“我忍不住”“不是我的错”的表达方式。避免使用强调受害者心态的词语。你的座右铭应该是“我才是生活的主人”。

建立个人意识：定期反思自己、自己的思考过程以及情绪上的变化。你了解自己的优劣势、态度和行为模式吗？你是否真正定义了职业成功对个人的意义？

主动承担责任：确定哪些方面有所欠缺以及阻挡自己的障碍，然后移除这些障碍。“掌控”自己的思想、态度、感觉和行动。接受事实：自己在这些方面完全有选择。自己说的哪些话阻碍了前进的步伐？哪些经常性的行为影响了你的成功？寻找答案，不要被动等待。

消除借口：世道艰难，但不管遇到什么样的困难，选择一直都有。我们现在所处的环境就是当初所做选择的结果。选择行动或不作为，选择关注或忽视，选择加入或避免。最终生存下来并且成功的人就是那些意识到这一点，而且能够承担个人全部责任的人。

推卸责任很容易，也能让你满意，但同时它很危险

责备他人，忽视造成当前境况的自身责任，这是大多数人的本能，所以我们要有意地让大脑向另外的方向思考。一旦开始有推卸责任的趋势，让自己向另外方向思考的方式之一就是回顾巴韦施·达万（Bavesh Dhirwan）的故事。

巴韦施就职于澳大利亚布里斯班市（Brisbane, Australia）一家中等规模的公司，是一名 IT 部门的程序员。他工作刻苦、认真。他总是加班加点，尽一切努力按时、不超预算地完成项目。他不喜欢自己的老板，认为老板总是窃取

别人的劳动成果。但巴韦施认为只要做好自己的本职工作，其他事情一定会迎刃而解。

整个 IT 部门都处于强压下，因为他们要在全公司范围内安装一个新系统。项目为期两年，为了准时完成项目，部门的全职员工增加了 20%，但还是需要 6 名合同工。巴韦施负责安全保障测试团队，在所有成员看来，他是一个不错的领导。项目一旦正式结束，公司就会立刻裁员，恢复以前的状态。当他知道自己的名字出现在被裁名单里时，他非常诧异。

巴韦施的经理没有做出任何解释，但他保证每位被裁员工都会收到一笔可观的遣散费。但巴韦施还是有种被骗的感觉，非常生气。于是他给 IT 部门的每个人都发了一封邮件，同时抄送给了 CEO，曝光了经理能力和管理风格方面出现的问题。这就如同炸弹一般，结果可想而知。他立刻就在保安的“陪同”下离开了公司大楼，遣散费也遭到搁浅，而且公司领导明显不会给他任何体面的推荐信。

巴韦施很气愤，根本没有心思重新找工作，但他却急需一份工作。因为没有遣散费，所以个人经济非常紧张。随着压力的增大，他寻找工作的能力也逐渐降低。即使敲定了一个面试，但当面试者问到关于之前雇主的情况时，他不由自主地开始声讨前任老板。他感觉自己义正词严，自己也明显被人利用了，任何理智的人都能看到这一点。但面试者看到的唯一画面都是一个有“情绪问题”的人。巴韦施是一名有才能的程序员，但他们并不缺能力高的候选人。

很多年来，类似情况层出不穷，但巴韦施的故事是一个比较极端的案例。也毫无意义，因为巴韦施惹恼了自己领域里的大多数 IT 方面的雇主。他被迫移居（不能说是被迫，更准确地应该是自食其果）悉尼（Sydney）。在那里，他找到了新的工作机会，也有了足够的自我意识，不再让愤怒阻碍自己与潜在雇主的关系。

接下来才是整个事件的转折点。几年后，他回到布里斯班拜访老朋友。他发现自己被裁的原因是，经理认为他已经准备好承担更高级的 IT 管理职位，但在未来几年里，原公司不会有这种类型的职位。因为他们的 IT 员工都是合同制，不是长期的。所以经理只能通过支付遣散费的方式来缓解他在过渡期时的困难，并且也准备提供一份非常有说服力的推荐信。如果经理能够主动与巴韦施沟通这些内容，那固然好，而且这也是他将要做的。但事情发展过于迅速（由于那封炸弹邮件），所有这一切都没来得及进行。

回看自己的人生以及做出的选择，希望你会记得以下三条经验教训。

- 造成当前处境的人是我，承认这一点可能很痛苦。
- 我还会创造新的环境，不管是好是坏。
- 我对这个计划负责，不管外部环境如何，这项计划总会带来积极结果。

暂时卸下责任的高姿态，承认自己有时会有些爱发牢骚。我喜欢说“我这么努力工作，为什么得不到重用？”而且很容易变得自以为是。然后我想起了几年前遇到的一位女士，名叫格雷斯·萨默斯（Grace Summers）。她的故事会让我重新以健康的视角来看这个世界。

几年前，我接到来自得克萨斯州妇女避难所负责人的一通电话，她跟我讲述了一个帮助受虐妇女脱离受虐关系、转型进入职场的项目。她接触到的很多女性都没有做过传统工作，甚至连最基本的工作技能都没有。避难所负责人想要利用由我公司“学习先锋”发布的一些网上学习课程来帮助她们，但避难所没有资助经费，所以无法付费学习。我们一同做了协商，为她项目里的所有女性免费提供课程。于是我认识了格雷斯·萨默斯。

格雷斯完成了我们提供给避难所的八门课程，并且询问是否可以开放更多课程。我们再次公开了二十多门，她又开始进入了快速学习的状态。我向避难所负责人问起关于格雷斯的事情，因为她似乎对于这些知识如饥似渴。负责人告诉我，格雷斯从十四岁开始就一直遭到叔叔的性虐待，直到她从家里逃出，那一年她十六岁。很遗憾，虽然逃离了那个可怕的家庭，但她又进入一个更悲惨的环境。

格雷斯遭人控制，成为了一名妓女，十七岁的时候怀孕。孩子出生以后被夺走，卖了。从此她就再也没见过自己的孩子。二十岁时，格雷斯逃出，进入避难所时身无分文，甚至没有高中文凭，但她决心要让自己活得更好。

但最让我印象深刻的还是她那种不被过去羁绊，渴望向前发展的积极心态。格雷斯下决心要向前看，并且会朝着那个方向努力。她不想成为低薪的快餐店服务员，也不想做拿最低薪水的底层工作。她想要得更多，也决心让这种想法成为现实。她专注于提高自己的计算机技能，自学一些简单的网页设计。

我和她交谈过几次，谈话间完全感受不到她对过去经历的愤怒，她不给自己贴上受害者的标签，愿意正视自己的就业能力或者说是缺少就业能力，所有这一切都给我留下了深刻的印象。“我有着积极的态度和动机，”她说，“但却没有工作所需的技能，我需要改变这一点。”

这个故事如果没有美满的结局，我会非常伤心。很幸运，格雷斯最终受聘成为了一名初级网页开发人员，并且进步很快。现在她过着完全正常、普通的白领生活。公司离她住的地方不远，上班路上会在星巴克买一杯咖啡，带领着网页设计师的小团队。回到家后，有老公和两个孩子陪伴。她的生活很正常，也很普通，这正是美妙、精彩之处。

开始思考

在进入下一章之前，先让我们对本章的要点做一个简单回顾，并且思考它们对职业发展的影响。

- 面对自己当前的处境，经常会责备他人，但实际上自己对这种处境有很大影响力或控制力，你是否会有这样的习惯?
- 在你向他人讲述自己职场中的故事时，是否经常出现“坏人”这个词语？如果出现了坏人，对应就会有受害者。你不是受害者，是吗?
- 在你的职业生涯中是否存在这样的人，他会承担造成他们工作处境的全部责任？你可以从中学到什么?

尽快行动

给自己一些时间，深入思考自己的生活和工作、曾经历过的挑战以及做过的选择。谨记以下三条经验教训：

- 造成当前处境的人是我，承认这一点可能很痛苦。
- 我还会创造新的环境，不管是好是坏。
- 我对这个计划负责，不管外部环境如何，这项计划总会带来积极结果。

长期的想法和行动要点

在加速职业发展上，“掌控”自己所处环境具有深远的价值。坦诚面对自己的缺点和失败。

在涉及职业问题时，没有好运气或坏运气之说。也不存在偶然的境况，也没有受害者的角色，有的只是因果关系。

你在未来中还会遇到挑战，仔细思考以下问题的答案：

- 我为什么会处于如此艰难的境况？
- 到目前为止，我从这个经验中学习到了什么？
- 我对自己又有了什么样的了解？
- 什么改变（自身）更有利于我？
- 做出这些改变，我有什么计划？

你一直都有选择，即使在你感觉受制于过去的选择时。

注意自己的语言，保证自己对生活和工作环境负全部责任。

第4章

为你的火添把柴

一个失落的灵魂能很快杀死你，远比细菌快得多。

——约翰·斯坦贝克（John Steinbeck）

写这本书时面对的挑战很多，其中之一就是如何在不“出卖”客户的前提下，尽可能地与读者分享丰富有趣的故事。改变细节很容易，可以避免其他人识别出我的客户。但当某个特定故事在强调主人翁荒谬、愚蠢的行为时，你甚至不想让他们认出他们自己。而这个故事一定是无法保护主人翁了，所以，我要“落井下石”了！

我受邀为电话客户服务人员制定培训课程。“他们真的存在态度问题，”他们的总监告诉我，“需要接受培训，让他们对客户更礼貌、更友好并且更能理解客户。”

好吧，说得很有道理。在制定类似课程时，我的一个标准做法就是先花些时间观察这个团队在工作环境中的情况。这家公司位于密苏里州堪萨斯市的中心，我在这个毫无特色的办公大楼里待了整整一天，一直都在地下两层。他们的电话客户服务团队占据了整整这两层。想象一下，米色的小隔间一排紧挨一排，我说的小就是只够放一把椅子、一个办公桌和一个文件柜。

他们有很多空的隔间，因为每年的假日期他们都会相应增加客户服务代表（CSR）数量，大概增加 40%，然后到 1 月中旬时员工数量又迅速下降到原来水平。现在是 8 月，所以没人介意我坐在“迷你”小隔间里一整天。我会听他们与客户的实际通话情况，随时做笔记，快要结束时，我甚至自己接了几个电话。午餐时间，我与几个客服一同吃饭，在楼下的休息室与其他人聊了聊。我了解到他们对工作环境的真实想法，这些都是我向客户做培训建议的有利支撑材料。

第二天早晨，我与总监和他的八位经理见了面。“我认为你们不存在培训或态度问题，”我说，“而是员工精力存在问题。”

接着，我解释说，表面看来员工是有态度问题或士气低落，但其实是精神不振的自然反应。客户服务中心的电话客服特别容易精神萎靡。

在我说话的过程中，我可以看到这些人表现出的困惑，于是我做了进一步的解释，有四种能量可以帮助员工们在工作中更投入、更有动力以及更专注。这四种能量是：

- 情绪能量：情绪被认为是独一无二的，也就是说个体在“安全的”环境中可以自由表达想法和意见。
- 理想能量：对成长潜能和职业环境的不断提高持乐观向上的态度。
- 身体能量：如果在灯光自然、空气新鲜、水源干净并且食物健康的环境中工作，员工会保持身心健康。
- 心理能量：面对生活中的挑战要求员工大脑高度集中，同时不畏惧时常出现的“低谷期”，此时正可以为大脑充电。

我将上述的四种能量逐一向总监和他的管理团队解释，然后提供了那天在工作间的观察。

“你让每位员工在狭窄的米色小隔间里工作，并且严格规定在其他人可见的范围内不许摆出任何私人物品。”我说，“有一些员工感觉他们就像牲畜，每天上班时就被赶到了一起，公司要求他们坐在自己的小隔间里而且必须高效地工作，没有娱乐、没有闲聊，除非是在严格控制的休息时间内，这种感觉就像他们不是人类，而是机器。还有些人称他们见过某些人因为如实说出工作条件而付出相应的代价，所以每个人都闭口不言、老实工作。情绪能量水平自然非常低。”

在说这些话时我观察他们的面部表情，希望能够得到一些回应，即使是负面的，但他们仍然是不为所动。眼神冷漠，就连总监也一样。所以我继续。我怀疑是否有人在按桌子下边的那个红色按钮，招呼保安“护送”我出公司大楼。

“他们的理想能量也不高。所有人都认为自己在客服这块没有任何升职路径或发展潜力，他们基本上都是先在这里工作，直到找到更合适的。每个人都担心 1 月的裁员。”我停下来等他们的回应，又是如此，除了一些唏嘘声，我没有得到任何回应。

“从身体能量来看，他们要在狭窄的小隔间里待两个小时，然后是 15 分钟休息时间。没有窗户，灯光还有些暗，地毯老旧并且已发霉，休息室里的通风机已经坏了，也没有健康的食物或新鲜的水，除非是他们自带的。”

“但我们每层都配有冰箱，用于储存员工自带的饭菜，还有一个微波炉。”一位经理说到。

“你最近打开过那两个冰箱吗？”我问他，“或者微波炉？它们里边已经很恶心了，两层都是如此。”

“好吧，那这又是谁的责任？他们应该保持冰箱和微波炉的干净！”这位经理反驳说。很显然，他们开始认为我的意见是针对他们个人的，所以我决定赶紧结束这一话题。

“最后是心理能量，你让他们严格按照设定好的内容回答客户，所以他们根本无须思考。日复一日，他们听着客户的问题和投诉，快速找到相应的稿子，然后把上面的内容念给客户听。就这样一遍又一遍的读这些内容，我想即使是梅丽尔·斯特里普（美国著名女演员）也不可能总保持激情吧！”

对于自己开的这个小玩笑，我笑了。但他们没有。

“这才是重点。”其中一个人说，“我们就是不想让他们费力思考正确的回答方式，只是确保每通电话他们都给出了正确的信息。”

他们的反应已经清楚表明他们很排斥我的建议。我努力让自己不带有任何说教或偏见的色彩，我也没有提到他们中没有任何人在底下两层狭窄的隔间中工作。他们的办公室位于高楼层，有着明亮的窗户。我去过他们工作的那一层，看过这层的休息室。干净的冰箱和微波炉，新鲜的饮用水，甚至还有一间健身室，配有三台椭圆机和两台跑步机。嗯……这些我都没有提到。

“我很愿意为你们制定客户服务培训课程，因为你们都是非常优秀的员工，想要做好自己的工作。”我对经理们说，“但坦白讲，现在资金最重要的用途是改善他们的工作环境。”

“很有趣的提议，”总监说，“但我们没有调整这方面的预算或资源。”他解释说公司的人员流动率特别高，负担不起对每个员工投入过多的资金，因为他们中的大多数人一年之内基本会辞职。我反驳说，他们可以通过对工作环境注入更多的活力以降低人员流动率。

之后就是各种兜圈子。

20 分钟之后，我准备离开公司，不过好在没有保安护送。任何理智的人都能明白他们的意思，不会再纠缠，因为很显然以后对他们做的所有努力都将会是浪费时间。

不过我一直都不是一个理智的人，所以我紧接着给他们发了一封邮件，以预算为出发点列出了一系列步骤，很多客服中心都利用这些步骤为他们的员工创造了更有活力的工作环境。很简单的事情，例如：

- 鼓励员工装饰自己的隔间，赋予他们工作空间以“个性”；
- 为员工庆祝生日，认可个人的成就以及其他的事情，帮助员工提高自我价值感。

他们可能不会把这些看作“情绪能量”，而这恰恰是要加强的方面。而且他们最好要确保实体工作环境干净整洁、灯光明亮，并提供新鲜的食物和水。有的公司甚至配备了体育器材或户外步行道，在休息时间（每 60～90 分钟休息 15 分钟是最理想的），员工就可以做些身体活动。而且越来越多具有超前思维的公司开始为员工提供站式桌子或符合人体工程学的座椅，用于提高他们的身体能量。

在跟进的邮件里，我还加了一个关于这方面研究的链接，证明了投资用于提高员工的身体、情绪、心理和理想能量时，会对员工效率产生积极的影响，在很多不同的公司都是如此。

如需查看更多关于这方面的研究，请登录 www.workplacepoker.con/energy/**网站。**

接下来的两周内，我没有收到任何回复，之后我收到了举办客户服务研讨会的问价请求。对于我的能量想法，只字不提。最后，我在那一年中确实为他们举办了一系列的研讨会，客户反馈也不错。但这家公司的工作环境没有任何改变，只是制定了轮流清理休息室冰箱和微波炉的任务表。

一年后，他们再次邀请我，不出意料，大多数的研讨会参加者都是新人。之前一年，我对他们做了三场研讨会，相同的内容，“全新的”参加者。我不知道自己是何种感受，但我肯定研讨对他们是有些帮助的。这就像乡村音乐歌手去到监狱，义务为犯人表演的感受一样。确实无法改变，但会有所帮助。

我在想，当他们读到这本书时，我可能不必再在道德上挣扎了。

我与你分享这个故事的主要原因是我刚刚描述的身体、情绪、心理和理想四种能量可以为事业的飞速发展助力，而且在事业上发展最成功的人已经形成了这种不断增强这些能量的习惯和生活方式。有时你会发现自己在想，“好吧，她在工作中精力充沛，是因为事情发展很顺利。”可能你是对的，任何人在事情发展顺利的时候都会干劲十足。事业上最成功的人明白自己现在创造的能量是为艰难时刻储备的。

坦白讲，不管你多喜欢自己的工作和同事，每天的磨合总会使你筋疲力尽。

其实你完全不必整天坐在堪萨斯市中心某个地下室的狭窄的小隔间里，任由现代工作生活的速度、压力和复杂将你内心的火焰慢慢浇灭。

强劲开始，但却燃料耗尽

安吉拉·布兰特（Angela Brandt）是一位才华横溢、工作努力的市场部经理，就职于 Dynetron 公司——一家总部在休斯敦的能源公司。她有着极强的职业道德感，是农场主家里唯一的孩子，也是家族里的第一位大学生，毕业于得克萨斯大学奥斯汀分校。“我习惯于把自己逼得很紧，早工作、晚下班，竭尽所能，没有任何抱怨。”她说。强烈的职业道德感为她在 Dynetron 赢得了很好的声誉，大家一致认为她是可以加倍努力、出色完成工作的人。工作前两年，她就得到了升职，成为公司里最年轻（唯一的女性）的市场部经理。看起来她的事业一定会是向上飞速发展，最终在高速成长的公司里和不断变化、扩张的市场里占据副总裁的位置。

但六年过去了，事业再也没有起色，她开始怀疑自己的职业生涯是否早已处于停滞期。“每年我都能得到加薪，还有一笔可观的奖金，但两次升职机会都没有考虑我。”她在电话中对我说。

当现任的市场总监退休时，安吉拉确信自己是这个职位的强大候选人，也希望有人要求她申请这个职位。但没有人这么做，所以她通过 Dynetron 公司正常的内部系统开始申请。但之后没有人联系她。她电话给人力招聘专员询问自己的申请他们是否收到，招聘专员只是礼貌的回答“收到了”。她的申请对方已经收到，如果自己被看作这个职位的候选人，那应该会有人联系她，但却没有人。她有些沮丧，也很困惑，但却不知道向谁寻求答案。

感觉自己在 Dynetron 没什么前途了，安吉拉开始在别处寻找机会，分别在奥斯汀、休斯敦和达拉斯三个城市申请了市场总监的职位。在准备第一个面试的时候，她不禁想自己离开时公司会有多遗憾。或许只有在她做更大、更好的事业时，他们才会知道自己失去了什么，所以她肩负的不仅仅是“给他们瞧瞧”的筹码，也对即将到来的新事物感到兴奋。但第一场面试却无疾而终。安吉拉继续申请和面试其他的工作，第一次面试失败对她精神的打击要比她想象的大。“我准备非常充分，因为我跟这个职位很匹配。但当他们最终没有联系我时，我感觉很失落。我甚至试着联系他们，但他们也没有回我电话。就像第一次约会之后被人甩了一样。我讨厌这种感觉。”

所以六年中，工作努力、才华横溢和精力充沛的安吉拉偏离了飞速发展的职业道路，感觉自己一直处于水平线上。发生了什么变化？她能做什么以重回正轨？“我失去了激情，”现在她说，“不只是一件事情，而是逐渐建立的所有事情总和。”

在事业初期有所发展时，安吉利的理想和情绪能量特别高。事实上，高的理想和情绪能量掩盖了身体和心理能量的降低。在第一次升职之后，新工作让她精力充沛。但在这个职位上待了几年之后，工作对她来说不再新鲜，也没有任何挑战，她的工作开始要求越来越低的心理能量，而且生活方式的改变也降低了她的身体能量。

很多人在开启职业生涯时都带有与生俱来的能量：年轻的活力、永无休止的野心以及职场小白的积极乐观。我们站在地平线上眺望，看到的全是各种可能性。我们外表光鲜，感觉良好，准备征服这个世界。但是，我们又很容易地在生活、工作和思考上形成某种习惯，而这种习惯恰恰会腐蚀我们与生俱来的活力。几年后，在艰难和苛求的工作中，这种腐蚀又会让我们付出惨痛代价。

安吉拉就是一个典型的例子。“从小到大，我基本就是父亲的帮工。”她说，

“我几乎可以吃任何东西，但一直很瘦。而且我喜欢待在外边，阳光、新鲜的空气、体力劳动，一切都是那么美好。一天结束，当你回望时，可以看到自己的劳动成果。它可以帮助我们成长。”

到了大学，安吉拉的生活发生了变化。她更多的时间都是坐着，而不再是来回走动了。她的饮食也变成了方便的快餐。她胖了一些，同时也失去了一些身体里的“火焰”，但她的理想和心理能量维持她不断前行。

当进入公司时，她的生活习惯又开始改变了，就是很自然地与周围人的习惯变得一样了，一天中大部分的时间都是坐在桌子前或是开会。她是一名忙碌的事业型单身女性，所以会经常在外边吃饭。她发现比萨饼与冰啤酒是绝配，在饭店就餐的人都喜欢喝上一两杯红酒。与大学一样，她又胖了些。一年又一年，裙子码数不断上涨，她的身体能量开始下降。同样地，她有着很高的理想和心理能量，事业的发展给予她动力，新工作让她的头脑保持活跃，但这也掩盖了身体能量降低的事实。

现代工作如何耗尽我们内心的“火”

你是否思考过，为什么公司愿意花费如此多的时间和资源来调动员工的积极性，让他们全身心地投入到工作中？为什么这么多的努力会放在提高工作效率上？大多数人会本能地投入到一件事中，而且办事效率高，那么是什么改变了我们，让我们必须需要额外的“支持”和鼓励？

人类天生就是精力充沛的问题解决者，不然你认为我们在没有爪子、犄角、皮毛、尖牙、毒液和蛮力的情况下是如何从史前时代就存活下来的？因为我们是聪明机智、思维敏锐并且反应迅速的问题解决者，我们的身体和思维处于不断移动中，观察着不断变化的局势，警惕可能出现的危险。在我们的自然状态下，没有胖（或肥的）人，因为他们会被捉，被食肉动物瓜分；也不存在无动机或不专注的自然人，同样的原因，他们会被捉，被食肉动物瓜分；也没有愚蠢的人，原因同上。

快进到现代工作环境中。在桌前一坐就是几个小时，开会也要开上几个小时。整天要么盯着电脑，要么盯着米色小隔间的隔断，没有阳光、没有新鲜空气。我们不用再追杀猎物，而是坐着电梯去到楼下的餐厅，吃的是精制面粉和糖的混合物、加工过的肉、批量生产的蔬菜、防腐剂和氢化脂肪。而且关于我们的身体能量或内心的“火焰”，我们早已习以为常了。

除了缺少身体活动以及吃了太多的垃圾食品外，现代白领的工作性质本身就是“灭火器”。大多数公司想要制定规范的工作流程，不用过于依赖个人的创造力和特殊才能，对于这一点，我们完全理解。如果某项业务过于依赖某些员工的特殊付出的话，那公司的成功就总是处于危险中。但是，如果你可以制定一种工作流程，某位员工离开后你可以在短短几周内找人替换他，那公司就会更稳定。所以体系和流程开始标准化，很合理，也有利于公司的发展。

但这也意味着很多人每天都做着相同的工作，工作被简化了，也不用依靠任何特定人的才能。所以我们在工作中挣扎，想要突出自己的独特贡献，同时我们又知道自己很容易在几周之内就被人取代。因此，我们的心理和情绪能量在某种程度上受到了打击。

我们想要做独特工作的这种渴望与公司想要可以随时替换某位员工的这种需求相悖。当然，有的工作也是需要创造力、创新性和独特贡献的，但这些职位很稀缺。

所以公司的成功大多取决于：在非正式结构里，运行良好的团队能够一起合作，并且员工作为特殊贡献者的价值必须被缩小。当然，不是完全抹杀，因为公司需要优秀的贡献者们来促成某件事。但我们做的出色工作会很容易淹没在团队的大环境中，自己独特和非凡的贡献永远得不到重视。随着时间的推移，这种现实会腐蚀你的自信、你的工作激情和情绪里的那团“火”。因为我们所有人都想要被看作有独特价值的个体并且得到他人认可，而并不单是公司这个大机器里有些许价值的齿轮。

另一种情况是公司游戏的随意性和不可预见性。不是每次的升职都是以能力为依据的；不是每个决策都基于对事实的充分理解；不是每个人都值得信任。而且有时有些事情的发生毫无道理可言——你永远都不知道其中原因。所以想象一下这一切对某些员工的理想能量的影响，特别是那些聪明、有天赋和工作努力，并且期望公司会是一个公平、公开的精英统治集团的人。

假设你是足球队里一名非常有天赋的球员，而规则有时会毫无征兆地改变。进一个球可能会赢一分，也可能扣一分；队员有时会相互帮助，有时则不会；有些队员可能会故意绊倒你，然后因为射进的球而受到奖励，本应该是你进球；“最佳球员”的奖励有时会颁给真正优秀的球员，有时则不会。那么作为这个团队里非常有天赋的一名球员，你会作何感想？随着时间的推移，你想要夺冠的本能将会发生什么变化？

我之所以讲这些内容并非是要抱怨现代工作环境的可怕状态（可能会有点儿），而是想告诉你这种环境能够消磨你的斗志。实际上，它确实击败了很多人。对于大多数公司来说，这可能不是它们有意制定的目标，但从某种层面上看，这种打击确实有利于它们。它们想要你有斗志、有野心，但是要在特定界限内。如果在个人野心和理想能量上，你过于自负、好强或“渴求”，这可能会让公司反感，所以他们会用各种办法将你的野心控制在一定范围内。

薪金等级和工资幅度的制定就是为了抑制你想要协商更高报酬的欲望。制定内部升职程序和限制（必须在当前职位上工作满×年，必须得到直属上司的批准等）就是为了消除你的野心勃勃。适度的职业期望被确定，耐心总归会有回报（有时有，有时也没有），公司希望每位员工排队等待升职，就像顺从的小牛在饮水槽前不争不抢一样。所以如果你是那些人中的一员，想要通过多做获得更多，那公司这块磨石一定会把你磨平。思考一下，自己的能量是如何被工作环境影响的。

- 你的情绪能量：作为独特的贡献者，你是否难以被认可和重视？你是否能够在“安全的”环境中自由表达意见？你是否能够做真实的自己，或者为了融入群体是否需要戴上“工作面具”？
- 你的理想能量：对于自己的职业理想，你是否有停滞不前或是毫无进展的感觉？你的野心是否为公司的政策和程序所抑制？职业的发展是否难以预测或毫无逻辑？
- 你的身体能量：工作是否影响了你的身心健康？你是否每天久坐不动，一坐就是几个小时？你的办公室是否没有阳光或阳光很少？公司是否提供新鲜的食物和水？你吃东西是为了健康和补充能量，还是为了减压？
- 你的心理能量：工作是否能够刺激你的思维，还是靠习惯就能完成大部分工作？大多数的工作要求是否已经系统化并且具有可预见性，日复一日地重复，不需要你调动所有的脑力？

你清楚感觉自己工作中的“火焰”远不如从前，如果处于这样的状态，那你肯定想要改变，但常常会无从下手。在不确定时，就先从身体能量开始，这是最基本的能量，也是其他三种能量的基础。明确一点，我们并不是在讨论减肥这件事情，我们的关注点在于身体能量，相对肥胖的人也会有巨大的身体能量，现实中有很多这样的例子。但当在工作中养成更健康的习惯时，你的体重很可能会下降。

当安吉拉发现自己处于职业生涯的低谷时，她出现了所有典型的心力交瘁症状：超重 20 磅（在美好的一天），多数时间都很疲惫，没有动力，注意力分散以及说话刻薄。

周末，她回到了农场，帮助父亲做些杂务。她期待新鲜的空气和一些没有压力的体力劳动，但这并没有奏效。她之前只是回过农场很多次，但很多年都没有在这干活了。在搬了三个干草堆之后，她不得不休息。父亲轻轻拍着她的肩膀说：“没关系，你现在是大城市的女孩了。”

“你什么意思？”她生气地说，“我没有那么胖，我有吗？”

“我不是那个意思，我是说你是一个女孩，来自大城市，”父亲解释说，“不是来自城市的胖女孩。就是你现在比以前大了，但……”

她冷冰冰地盯着他。

“我越描越黑，是吗？”

安吉拉点头，但她知道他只是在讲事实。这可能让她有所顿悟，或许只是惹恼了她。

接下来的 6 个月中，安吉拉每个周末都会来农场工作。这给了她新的关注点，甚至酸疼的肌肉都似乎让她更能忍受在 Dynetron 的工作。她的事业心并没有消磨殆尽，但她大部分的精力主要放在重拾以前那个“农场女孩”的能量和健康。她在农场吃的食物很简单，也很基础，未经过加工：新鲜蔬菜、水和肉。回到休斯顿时，她也努力让饮食保持简单，这就意味着经常在家里吃饭，少去餐厅，不吃盒装食品，杜绝快餐、苏打水、功能饮料、啤酒或红酒。

“第一个月的时候，我每天的情况都更糟糕，”她说，“头痛、肌肉酸、夜间盗汗、想要吃糖，这些症状我全有。”但最终情况还是发生了反转，她开始每天感觉好一点。简而言之，安吉拉再次拥有了那个“农场女孩”的身体，更重要的是，她重拾了自己的能量、动机和关注点。有时我们会惊讶于身体对思维的影响程度之大。

现在，她在达拉斯工作，是另一家能源公司的市场部总监，快乐、健康、全身心地投入到了职业发展中。

大多数人并没有家族农场让我们每周末都可以去。那么，如果你意识到自己内心的“火焰”不如以前了，你应该做什么？如果从大学开始长了几磅，如果感觉有些疲惫和急躁，或者如果无法增强自己的心理、情绪或理想能量，无法为自己职业发展而奋斗，你都可以从身体能量开始。

增强身体能量

我加入了一个健身俱乐部，免费得到了三门的私人健身课程。但我与私人教练并不合拍，因为我不喜欢被人命令的感觉，不喜欢被身体脂肪测量卡尺夹着，而且不喜欢别人看到我狼狈的样子。

不过，任何人都喜欢免费的东西，所以我参加了这三门健身课程，而且发现教练对身体能量有着独到的见解。“你的身体聪明、高效。它已经进化成由你决定它的样子。”他说，“你的身体能量会根据身体和大脑的要求，向上或向下进行调整，所以如果你整天坐着，身体会据此产生所需能量，而产生更多的能量也只是浪费。”

我认为这只是基本的认识，因此，我问他，“如果我的身体是根据我的需求进化，那我什么时候能长出第三只胳膊，帮我拿咖啡？”

他并不觉得这个好笑。

但我确实理解了他所表达的意思。为了产生更多的身体能量和活力，我们的身体必须首先需要等量的能量，而我们身体需要那些能量的唯一方式就是让身体动起来、抻拉。如果你正值年轻，新陈代谢速度自然很快，无须多做努力就能让自己的身体能量保持在高水平。不过，现在是时候培养良好的身体习惯了，因为新陈代谢早晚都会减慢，坏习惯终究会让你付出代价。

如果你开始看到活力衰退的早期表现——轻微发胖、饮用功能饮料、早期乏力、下午工作时无精打采，那就应该立刻引起你的重视，要快速调整自己的生活方式。

如果你不幸地进入了活力衰退晚期，那改变起来就会有些困难。但有一点可以肯定，你一定能重新回到以前的状态，活力、身体“火焰”、动力和能量都会重回原来水平，帮助你在事业上飞速发展。

当然，要想创造一种工作为你的火焰助燃绝非易事，原因我们之前提到过，就是工作环境一般都是抑制这团火焰的，也不存在某种正确的途径或程序，让你可以成为自己和自身情况的专家，让你可以制定向新方向发展的行动计划。

对于身体能量，没有一个统一答案，但有一些核心因素需要加入你的计划中。这些因素要融入你的生活方式，而不是作为额外项目直接加入到计划中。这是你自己的生活，不是你必须做的“额外”事情。身体能量计划里涵盖的因素包括：

- 心血管和力量训练。每天至少坚持45分钟，每周至少5天。
- 每晚保证最少7小时睡眠。
- 在工作日中的特定休息时间，要有简单但规律的“活动”。在休息时间，一定要离开办公桌。不要只是换个地方坐着，要动起来。

有些食物对身体能量有害无益，所以你应该在饮食中降低其摄入量或彻底断绝：精制糖、精制谷物（面粉、玉米淀粉等）、加工的肉类、酒精和人造甜味剂。

好吧，这些都是老生常谈。我也不想再跟你唠叨这些内容了，因为你要么这样做，要么无视这些建议，决定权在你。但我可以毫不犹豫地告诉你，如果不将身体能量的锻炼提上日程，那你的职业发展毫无疑问会受到影响。

所以，你不想有规律地进行身体能量锻炼的决定其实就是减慢你职业发展速度的决定。但还是那句话，这是你的选择。

我想这听起来确实像在唠叨。对不起啦！

你的心理能量——效率的矛盾体

找一位典型的超级忙而且特别有野心的同事，打听一下他的任务和项目情况，他可能会很骄傲地给你讲述他最近所完成的事情以及这周结束前需要做的其他重要事情。他很可能计划周末加班，因为他感觉自己在周五下班时不可能完成这些工作。他会用一种自豪的殉难者的语气告诉你“自己需要周末加班”。“周六早晨就必须过来，做完固安捷（Grainger）的文件。”他会迫不及待地告诉你，“那么你手头有什么工作？”

你会被迫有一种同样不堪重负的感觉。“是的，总觉得时间不够。”你们都会认为对方工作更努力、工作时间更长，所以你会逼自己做更多、再多的工作。

这种对超级高效的盲目痴迷实际上会对你的职业发展产生负面影响，因为它会降低你的心理能量。那些在工作日中能量十足的人，如果不按计划地休息，那他们就会在无意中将自己的能量一点点消耗尽。于是，他们过度依赖咖啡或其他刺激性饮料，那“崩溃”必然会发生，而咖啡等手段也只能起到推迟的作用。这会严重危害你的实际效率，因为：

- 你无法辨别任务的价值高低，只是一鼓作气完成任务表中的所有项目。

- 有时，你会习惯于做单一的事情和相对容易的任务，只是为了享受那种将它们从任务表（即使重要的任务还未完成）中画掉的成就感。
- 你本能地将自身能量和精力均匀地分到一天里使用，而不是在你最需要心理能量时全力以赴。
- 你可能会根据成果数量来制造高效率的幻觉，而事实却是这个任务需要创造性、创新性或深入思考，你只是做好了任务中的一部分。

结果就是你既没有将工作做到最好，也没有得到充足休息，无法给自己注入新的活力。研究和常识都已表明，真正最高效率的人会每天定时给自己短暂的休息和恢复时间。在最需要的时刻，他们在能量"高峰"水平上工作，同时他们也知道很快就会有休息和恢复的机会。

有足够的能量储备也很重要，因为它们可以让你的能量在突发时刻，例如解决某个紧急出现的问题或未预见到的重要事件时，快速达到高峰水平。

遵从心理能量的自然周期

在一天的工作中，心理能量的自然水平具有周期性。如果每时每刻都留意自己的变化，那你就可以感觉到自己效率高、警觉性强和全身心投入，或者疲惫、厌倦和注意力分散。但大多数人都没有留心，或有意忽视这个自然周期，或是用咖啡和其他刺激性饮料来克服它。

对于大多数人来说，每天心理能量的自然周期会持续 90~120 分钟。每 90 分钟或 120 分钟，能量基线会达到最高值或最低值。而且大多数人在下午 4:30 和 11:30 时会处于困倦期。很多具有创造性的思考者称，在早晨时他们具有的"深入思考能量"要比下午多。遵守自然能量变化规律的人在工作中的表现得要更优秀。这对你来说可能是一种直观感受，但如果你需要证据，以下就是两件相关的案例。

珠宝制造商对工厂的流水作业线进行了调整，这个流水作业线的工人所做工作就是将次等小宝石镶嵌到不同物体上。流水线每 90 分钟暂停，强制休息 15 分钟。不到两天，工人的出错率就降了 50%多，工人的总体生产率提高了 22%。

针对团队创新性的一项研究发现，持续一天的“头脑风暴”会议，每 120 分钟就进行休息时，会议效率会得到极大提高。对于会议上产生的想法，不管是数量还是质量，在定时（短时休息，不超过 20 分钟）休息的情况下，都会有显著提高。

为了真正地为你的心理火焰加把柴，了解身体能量的自然规律并且据此安排工作和放松时间，以实现持续发展的工作方式是非常关键的。偶尔达到或超越能量自然低谷的极限有时是有必要的，但这不能成为经常性的行为。如果你经常在能量低谷时逼自己继续工作，那你可能会长期处于疲惫状态，而且大脑也不会表现出最佳状态。以下是最重要的三个概念。

- 工作 90～120 分钟：你可以在日程表里安排这些时间，或在手机里设置闹钟，可以在工作时间段结束时提醒你；
- 每次工作会议结束时，休息 15 分钟：如果休息时间较短，你会发现很容易恢复到原来状态。但如果休息时间超过 20 分钟，那要想重新回到以前状态就有些难度了；
- 下午小憩。在下午 3:00～4:00，小睡 20 分钟。在手机里定下闹钟，确保休息时间不会过长。研究表明，每天这个时候小憩一下有助于恢复精力，但如果睡得时间过长会让你在接下来的时间内都昏昏欲睡。

间歇性休息对于大脑的恢复至关重要，你应该正式将休息时间排到电脑日程系统中，或者在手机里设置闹钟。恢复期的质量要比时长略显重要。即使这种真正的“切断联系”只有几分钟，也能够让你身体能量再次充满电。利用几分钟的时间，散散步、与同事聊聊天（工作以外的话题）、听听音乐或其他让你感觉舒服和能改变你“思维频道”的任何事情。

精神食粮有助于（深入）思考

当你开始管理日常工作任务，让它们符合心理能量的自然周期时，你会发现自己不再满足于单调、重复或是“让你思想麻木的”任务了。事实上，它们开始对你的心理能量产生了明显的负面影响。

那些陷入超级高效率，比任何人做的工作都要多的狂热思维模式的人一般都比较喜欢做些重复性或单调的任务。对他们来说，这样的工作就是一种减压方式，他们喜欢画掉任务清单上一些简单事情（不管是真实的还是给自己一种心理安慰）的那种感觉。但能够在工作日中将自己心理能量最优化的人们不再使用那种激励方式了，因为他们面对繁重的任务时不会不知所措，根本无须减压，他们的思维会恢复到最自然的状态：想要解决有趣和具有挑战性的问题。

所以，如果你的工作大多数都是一些简单、无聊的重复任务，那应该怎样做？首先，认识到这个问题，然后用你那强大、富有创造性的大脑想出将单调任务自动化完成的方式，同时，运用你的创造性能量，思考出你能够完成并且会给公司带来同等或更大的价值并具有吸引力的新任务。这不是一个简单的思考过程，因为它会全面调动你的大脑。

你还可以思考其他有趣的事情，最好是能够对你的职业发展产生积极影响的。如果你练习了我们在第 1、2 章所讲过的技巧和策略，那你就能够给大脑提供充足的具有挑战性和激发思考的任务。关于阅读他人和了解工作场所文化的最有趣的一点就是，它是一个永远不会结束的过程。人们很复杂，而且不断会有新人进入公司，所以，在你决定要更准确地阅读他人时，你就可以让大脑一直处于工作状态，永远不会有无聊的一天。

心理能量——速成技巧

在能量的“波峰区间”内做最重要和最困难的项目。对大多数人来说，这个区间应该发生在早晨，但不管你的能量规律如何，都不要将自然波峰区间用于简单或单一的任务上。

当手头的任务需要你处于高度集中状态时，可以尝试离开办公室（每个人都知道来这找你），找一个偏僻的地方来完成工作。

当处理一项重要任务或进行重要谈话时，将手机设置为语音信箱模式，这样你就可以全身心地投入到这项重要任务上了。

与其不断听到来邮件时的提醒声音，不如在安排的休息时间内查看邮件，一天最好是两次。安排出浏览邮件的时间，专心于这项任务，清理你的收件箱。还没有到下一次浏览邮件的时间时，脑子里不要想那些邮件。告诉同事自己这种回复邮件的新模式，让他们了解，如果他们需要立刻回复，他们需要打电话告知你。

与自己开个会，为具有挑战性、需要深入思考的工作安排充足时间。

不要把阅读邮件作为每天的第一项任务，将开始的时间放在对自己的业务更重要的问题或项目上（我敢说这一定不是回复邮件的时间）。

情绪能量——被认识、被重视以及有“安全感”

对你来说很明显的一点就是，在情绪上积极乐观时自己的表现一般会呈最佳状态，但我们不了解的是积极的情绪能量最低到什么水平时会影响你的表现能力。你伪装自己的情绪，以为周围的人看不到你内心的情绪波澜，但事实却是，大多数人都能看到它，而工作质量也肯定会受此影响。

一个在工作中具有强大情绪能量的人会充满自信：

- 他们认识我；
- 他们重视我；
- 自由表达真实的自我。

从某种程度上说，大多数人在工作中都会戴着“面具”，我们对待同事越真诚，我们在工作场所里的情绪联系和能量越高。我们都想成为独一无二的个人，不只是想成为一群人中的一个。除了被认识，我们也想被他人重视，不仅仅是因为我们完成的任务或实现的成就，我们就想要因为自己本身被人所重视。

如果一个工作场所不允许员工真实地表达自我，强迫员工对自己真实的一面有所保留，不强调员工的个人成就，也不把员工看作有真情实感的人，只是认为他们是完成任务的机器，这样的公司永远不会将员工的效率最大化。

当日常的工作和生活活动与我们最重视的内容、与能让我们有意义感和目的的内容相一致时，我们每个人都能够发挥出自己独特的精神能量。如果我们现在所做的工作对我们来说真的非常重要，我们就会具备更多的自然能量、更多的精力，也更投入。

但不管公司环境是哪种类型，即使是非常严格、不是对员工很友好，也没有特别活跃，你都能够找到提高情绪能量的方法。

- 在不违反公司规则的前提下，找到微妙的方式来表达自己的个性；
- 多向他人提问，多了解他们真实的一面，想出庆祝他们个性的方式。慢慢地，他们也会这样对你。
- 赞美他人。这个行为能给你和对方都带来益处。口头的赞美会给双方带来最大的情绪影响，但手写卡片也同样有效果。即使是一封美好的邮件也能给他人振奋，如果能同时抄送给其他人，那他们也能看到你对这个人的重视。

理想能量——让生命（和思维）保持活力

无论是你的身体还是思维都不会在长时间内保持不动。即使你处于深度睡眠状态，你的身体还是在工作中，修复肌肉组织，同时思维也在处理今天的活动。这也就是为什么职业的停滞会让大多数人感到沮丧。这不仅仅是因为我们想要赚更多的钱或者获得更多的威望，而是我们本能地想要前进、进步和成长。

- 你理想中的 5 年职业发展设想是什么？20 年的呢？
- 你想对他人的生活产生怎样的影响？
- 你想让大家都知道你哪一点？
- 你想让大家记住你哪一点？

在读到这些文字的时候，每个人的理解几乎都不同，但如果了解了核心意思，你就能够确定出这段话对你来说的特别意义。有的人在自己的职业生涯中能够创造出新的理想能量，听听这些人的故事会对你有帮助。

威廉·舍纳维（William Chenowith）感觉有些绝望。在 53 岁时，他开始出现剧烈头痛和偶尔胸口疼痛的症状。他的医生确定他没有心脏病，尽管威廉超重 40 磅，也不记得自己最后一次去健身房是什么时候了。疼痛似乎是压力所引起的。他的压力很大，经常出差，两个孩子在上大学，所以经济负担较重，而且妻子也刚刚重返学校去“寻找自我”，他不知道那到底是什么意思，但他清楚其代价有多大。

两年后，他知道了如何用药物消除疼痛，但其他事情没有任何改变。他讨厌自己的工作，烦自己的孩子，不了解自己的妻子，似乎对这一切他都束手无策。威廉告诉自己，自己这个年龄不是重新思考人生的时候。他从来没有喜欢过自己在商业金融方面的这个工作，但它可以负担自己的开销。他认为自己只要撑过最后这几年，他就能够顺利退休，相对过得轻松一些。他不确定自己想要在退休之后做些什么，或者和谁去做，但那样的生活一定会比公司对自己的折磨要好。

在之后的一年中，情况仍然没有好转，威廉依旧被困于原地，依旧按部就班地工作。直到有一天，人力资源的副总裁出现在他的办公室，表情非常严肃。“你是知道的，我们在进行公司重组，”她说，“我需要跟你讨论一下你的遣散费问题。”

一个月后，威廉失业了，遣散费只能维持几个月的生活，但他负担不起 56 岁退休后的生活，而且他也面临着收入至少减少 30%的现实，这不足以支撑还在大学读书的两个孩子和妻子的开销。

“不管是身体上还是精神上，从所有方面来看，我都陷入了绝境。我破产了。”威廉最近告诉我，“我不愿承认这一点，甚至想过彻底结束这一切。我有人身保险，家人可以靠它生活。”

尽管他没有使用这些具体的词语，但很明显威廉已经失去了工作和生活中的情绪、理想和身体能量。他几乎与自己的家庭没有任何情感联系了，对未来也没有任何积极期望，不管是事业方面还是个人生活方面，他的身体也濒临崩溃。对于心理能量，他感觉自己已经精疲力竭，无心再去想这方面的事情。

威廉很确信这一切都深深藏在了自己心里，但家人还是能够看出他面临的困境，对于他们的反应，威廉很惊讶，应该说是震惊。两个孩子开始出去做兼职，负担一部分开销；妻子办了休学，找了一份工作，以增加家庭收入，这些都在很大程度上减轻了比尔短期内的经济压力。

压力还是会有，但家人愿意站出来、积极帮助威廉，这是他没有想到而且非常感动的地方。他们愿意做出调整，没有任何不情愿，而且很感激他对他们这些年来的支持，这一点深深地赋予了他能量。

如果这是一部电影，我就会在此切入高亢的交响乐，给出夕阳西下比尔和家人漫步在沙滩的镜头。但既然这是一本书，我只能给你列出接下来发生的一些关键事件了。

- 短期的经济压力得到了缓解，威廉决定重新思考自己职业生涯的最后十年计划。做这件事时他没有任何束缚，这对他的积极性和理想能量水平产生了巨大影响。
- 威廉和妻子开启了一次健康营养之旅，在这个过程中，他瘦了 40 磅，妻子瘦了 20 磅，肌肉疼痛的频率比以往几年都要多，得到的快乐也比以往要多得多。
- 威廉意识到，他并不讨厌商业金融，事实上，他喜欢和小公司的老板打交道，乐于帮助他们把资本结构最优化。他讨厌的是自己要受到公司的各种折磨。所以，他决定创立自己的商业金融公司，专门针对小公司所有人。
- 威廉的公司勉强算成功，但他自己对这个结果已经非常兴奋了，而且他也有更多的时间陪妻子。

- 威廉的女儿现在在这家公司工作。“我从来没有想过会为过去的爸爸工作，”她说，“但现在这个全新男人，我很乐意为他工作。”

威廉的故事很振奋人心，但同时也很恐怖，这个商业世界可能会折磨得他不得不选择自杀。公司对你的折磨可能没有这么富有戏剧性，但你必须问问自己，自己能够做什么以保证获得和保持所需能量，从个人生活和工作中得到自己想要的东西？

最好的改变也是最困难的

里斯·赖利（Reese Riley），38 岁，是公司车队的营运经理，已婚，有两个孩子。她和丈夫几乎每天都要加班，工作日中根本没有时间进行锻炼，但周末的时候一定会做铁人三项运动。他们两个人在大学时都是运动员，知道运动对身体和头脑健康的重要性。但对于里斯来说，她越来越难以信守承诺了。

“生完第二个孩子之后，我总是感觉疲惫不堪。”她说。她过去很喜欢自己的工作，现在却感觉很无聊，也难以应对工作中出现的各种问题。她知道自己在晚上时没有全身心地陪家人，自己感觉很内疚、不满意。她的睡眠不好，周末开始找各种理由不去锻炼，很少吃健康食品，只是在上班路上或办公室吃点儿东西。最糟糕的是，她的丈夫看起来非常好。他还是像在大学里一样身材健硕，但她一直减不掉怀孕时增加的体重；他热爱自己的工作，每天渴望去工作，在家里他也很投入，帮忙照看孩子，事实上他分担的家务要更多一些。这一点也让里斯很内疚、烦躁。

爆发点出现在了工作中。她的年度业绩考核成绩在过去一直很优秀，所以当经理给她的评级为“需要改进”时，她很吃惊，在好几个方面都是这样的结果，包括“可靠性”和“投入”两方面。

当天晚上，在家里时她正要告诉丈夫经理给自己的那个不公平的严厉评价时，他却提到了公司刚刚翻新了办公室的运动器材，在午餐时间，他大概能运动 45 分钟。这把里斯推向了崩溃的边缘。她的生活质量处于下坡，而丈夫的似乎每天都要更好一点。

他们经历了非常艰难的 6 个月，试图解决那个似乎不可能解决的问题。她想要辞职，但他们负担不起之后的生活。他们的婚姻出现了危机，压力也影响到了孩子们。“我意识到，把我逼疯的一部分原因就是我想要一次性解决所有的问题。”她说，“最终拯救我和我们的就是一次选择一件事情解决，做出一个改变，慢慢再解决所有问题。”

里斯和丈夫做出的改变可能不正确，也可能跟你不相关，但当你想要解决生活中任何复杂问题时，都可以采用这种一步一步的方式。首先，他们约定提前就寝的时间，晚上九点关电视，之后不谈论工作、难题和其他问题。刚开始时做出这个改变非常非常困难，但逐渐地他们开始录下最喜欢的晚间节目，周末的时候再看，晚上开始变得非常放松。里斯发现自己起床时要更放松了，而且精力也很充沛，这是一个循序渐进的改变，在某一刻，她会想起起床时的好心情，期望给孩子们准备好上学，自己再开车去公司。这对她来说是一个重大时刻，而且还有其他的一些改变帮助她做到这些。

里斯开始找机会做她所谓的“小型锻炼”。她开始每天早晨把车停到距离公司一英里（1 英里=1609.34 米）的位置，然后再走着去公司。你听起来可能觉得不可思议，但这很适合她。“唯一的缺点就是有一天早晨我把非常重要的文件忘在了车里，”她说，“所以我不得不又返回停车的位置，然后再走到办公室，那天我又多运动了两英里。”每一个进步都会帮助她走下一步，做出下一个改变。

散步有助于她缓解压力，反之又有助于她在食物上的选择。在饮食和营养方面，她其实一直都知道该怎样做，但就是不愿再做那些选择了。饮食和锻炼模式趋向正常，里斯在几个月中又做了其他一些改变。

- 她申请了一张站立式办公桌，这样就能减少蜷缩、坐着的时间。
- 她不再喝碳酸和功能性饮料，而是选择“神丹妙药”——水！
- 她改变了以前吃两顿大餐的习惯，选择少食多餐，每 3 小时吃点儿零食。
- 她开始做瑜伽，一家工作室离办公室只有步行 15 分钟的路程。每天的安排都包括 30 分钟的瑜伽课。

里斯仍长时间工作，但不到 3 个月的时间里，她就减掉了 15 磅，4 个月之后，她恢复到了生孩子之前的体重，然后又瘦了一些。她和丈夫制定了某些特定的“仪式”，帮助他们保持进步。家庭晚餐是必须的，有助于他们增进与孩子之间的感情，所有的这一切都巩固了他们的关系和提高了生活的整体满意度。

现在，里斯会告诉你，对他们来说最艰难的部分就是第一步——实施“晚九点后不许看电视、不许谈论工作和其他问题”这条规则。还是那句话，这可能跟你的生活情况相关，也可能无关，但他们经历的过程值得我们借鉴。

就像里斯一样，我们都知道该怎样做。营养、锻炼和优质睡眠是我们保持基本能量水平、注意力集中和管理情绪的关键，但现代工作环境会慢慢腐蚀我们在这些方面的习惯，而我们却熟视无睹，所以，制定正式规则，让我们保持正常状态，这一点很重要。

从哪里入手

理想能量在这四种能量中最基本也最重要（身体、情绪、心理和理想），但我放到最后讲这个方面是有具体原因的。我发现，对于大多数人来说，在前三个能量中形成稳固的习惯是解决理想能量的一个非常重要的先决条件。

你也可以先开始思考自己的理想能量，但在你深入挖掘之前，先要纠正其他三种能量里的习惯问题。当你看到其他方面养成的良好习惯所带来的积极影响时，你就会开始认识到专心于理想需求会对工作效率和满意度产生极大的影响。

作者笔记：我使用的"职场扑克"这个词语是一种比喻的说法。近期我与一位世界级的扑克玩家讨论了这些能量概念，他一直在点头同意，告诉我说这就是他成功的一个秘诀。"这些游戏会持续好几个小时，有时甚至是几天，所以在比赛之前我要确保自己的身体处于最佳状态。"他还提到，只要有休息时间，他都会快速跑回宾馆冲个凉水澡，然后开始走步、活动身体，直到游戏再次开始。"我到最后一刻才坐下来。"他说。他认为，对于赢得最困难、耗时最长（奖品丰厚）的扑克比赛来说，个人能量管理和实际扑克技能同等重要。

开始思考

在这四种能量方面，你会给自己什么样的分数?

无										优秀
身体能量	1	2	3	4	5	6	7	8	9	10
心理能量	1	2	3	4	5	6	7	8	9	10
情绪能量	1	2	3	4	5	6	7	8	9	10
理想能量	1	2	3	4	5	6	7	8	9	10

是否有具体的增强能量的习惯，你可以立刻采取？或者是否有减少能量的习惯，你可以立刻摒弃？如果有，无须马上做出承诺，但请将这些具体习惯写在下方空白处。

坦诚看待自身问题，是什么让你养成了或者没有养成这些习惯？再说一次，无须做出承诺，请将你的答案写在下方空白处。

尽快行动

访问 www.workplacepoker.com/energy/网站，完成个人能量评估。它会对你的当前状态做出客观的评估，并且根据你的评估结果，提出相应的建议。

当你有时间单独进行深入反省时，问问自己以下问题（写下你的答案会更完美）。

- “在我的葬礼上，我想让大家因为什么而记住我？”
- “如果我可以穿越时空，对年轻的自己悄声说句话，我会给自己什么建议？”
- “现在我是什么样的人？我想要成为什么样的人？这两者之间的差距有多大？”
- “我最喜欢工作中的哪一点？在哪个方面我为公司创造了最大的价值？我真正擅长什么？”
- “这是我想要做的工作吗？为什么是，或者为什么不是？”
- “在整个生活中，我对时间和能量的安排与自己最看重的事情相一致吗？”

在你回答最后两个问题之前，要知道如果解决办法很容易或者很明显，你很可能早已采取这个办法了，所以最可能的情况就是这个解决办法不容易，也不明显，但如果你付出足够多、思维足够发散，总能想出解决办法。

- “生活中的哪个方面最不符合我的价值观和最看重的方面？”
- “我要怎样做？”

长期的想法和行动要点

随着时间的推移，现代工作环境会很容易减弱一个人的能量、活力和积极性。

- 对你身体活力的当前水平进行客观评估，如果体内“火焰”已减弱，请快速采取措施。
- 一步一步做出小改变，最终对健康产生的积极影响与做出一个巨大改变所产生的影响是一样的。
- 身体能量习惯有助于你保护自己的身体，即使在面对充满压力的工作环境和紧凑的日常安排时。
- 情绪能量习惯有助于你保持积极乐观的态度，即使在面对工作中的困难时。
- 心理能量习惯有助于你平衡在思想、清晰和创造性三方面的自然“高峰期”。
- 理想能量习惯有助于你在攀登职业高峰的长途跋涉中保持注意力集中、高的积极性和精力充沛，因为你的长期愿景与你最深处的价值观是一致的。

第 5 章

尼龙蝴蝶和特氟龙犀牛

要记住，小情绪是生活的大队长，我们潜意识里对它们俯首称臣。

——文森特 • 梵高（Vincent Van Gogh）

“你太愚蠢了，没有人像你这样！”

这是 14 岁的本 · 狄尔顿（Ben Dierdon）在 Facebook 上收到的一条信息。发送者为“BlastCap29”，但没有任何信息可以显示这个人的真实身份，所以本有些困惑和心烦意乱。他把信息给父母看了，父母马上给学校打电话投诉，因为他们确定发送这条信息的人是本的同学。肯尼迪高中的工作人员决定找出信息的源头，虽然这个过程会很漫长、很复杂。几个星期以来，本都疑神疑鬼的，他的自信心也遭到了打击，最后家长不得不预约一名心理治疗师来帮助本。

“你太愚蠢了，没有人像你这样！”

本的同学杰西卡 · 赫什鲍姆（Jessica Hershbaum）几乎在同一时间也收到了相同的 Facebook 信息，她觉得这很无聊，随手把它删了。凯尔 · 文森（Kyle Vinson）也收到了同样的信息，他笑着回复：“你闻起来就像猪放的屁一样！”

结果证明有 Facebook 账号的肯尼迪高中的学生，都收到了同样的信息，但工作人员花了好几周才确定这一点，并且他们根本无法确定信息的真实来源。BlastCap29 的账号最后被 Facebook 官网删了。

原始信息并不是针对某一个人，它是对全班同学的搞一个讨厌的恶作剧。但是很显然，有一些接收者认为这条信息针对的是个人，所以很焦虑；而有些人根本不在意，还有些人觉得很搞笑。

我们应该从中学到点儿什么。

因为成人的生活中充满了各种否定，从轻微的厌恶到直言不讳的蔑视。有的否定很真实——有些人就是不喜欢我们或者不在意我们的观点；有些否定明显就是误会，就像肯尼迪高中某些学生的错误想法。但大多数的否定都处于这两者之间。

有的人对其他人给出的略带负面的评价或看法非常敏感。我们将这类人称为“尼龙蝴蝶[1]”（Velcro Butterflies），因为他们很容易被强烈的情绪流冲击，否定似乎会一直跟着他们。每个不敏感的或嘲弄的评价都会在尼龙蝴蝶的心灵上永久地留下烙印；每个严厉的看法（不管是真实的还是自认为的）就像胶水一样贴在他们身上。慢慢地，他们脆弱的情绪上覆盖一层又一层地所谓的否定和偏见，而他们随时都会想起。

还有完全不同的一类人，对他们来说，否定，甚至强烈的且有意的否定，都不会对他们有任何影响。这些人有时甚至不认为这是对他们的否定，虽然在别人看来很明显。我们称这些人为“特氟龙犀牛[2]”（Teflon Rhinos），因为不会有任何东西留在他们心里，也不会有任何东西“穿透”他们厚厚的皮肤。

大多数人都介于“蝴蝶”和“犀牛”这两个极端之间。你要意识到自己对于他人给出的否定或偏见（真实的或自认为的）的典型的反应类型，这一点很重要。因为不管否定本身是真实的，还是自认为的，还是介于两者之间的，你的典型反应都会对职业发展道路产生巨大的影响。你的犀牛/蝴蝶的感知和反应会决定你是否愿意做以下事情：

- 分享你自己（可能不受欢迎）的想法。
- 竭尽所能完成工作和项目。
- 支持具有创造性的解决方案。
- 在实践中学习（有时会失败）。
- 与有才能的（但会很粗鲁的）人共事。

简而言之，如果无法有效处理真实的或自认为的否定，那么你的舒适区会

① 尼龙是聚酰胺纤维（锦纶）的一种说法，主要用于合成纤维，在混纺织物中稍加入一些聚酰胺纤维，可大大提高其耐磨性。在本文中，它和特氟龙形成对比，尼龙用于形容脆弱，而特氟龙用来表示坚强。

② 特氟龙这种材料具有抗酸抗碱、抗各种有机溶剂的特点，几乎不溶于所有的溶剂，并且耐高温。

缩小，也永远无法形成一些有助于职业发展的最重要的习惯。

假设你正在参加周会议，参会的还有其他十几名同事和一名主管团队的高管。这是每周例会，所以你很熟悉这些人。有人表达出自己的观点，高管简短地回复："非常好。记下这一点，我们继续。"会议继续。几分钟之后，另一位同事也说了一个想法，高管的回答是"好想法，我们可以实施，不会影响进度"。会议仍又继续。10 或 15 分钟之后，你也有了一个想法，并且与团队分享了这个想法。你注意到在你说话的时候，领导皱了一下眉，在你说完的时候，他看起来似乎有点儿不耐烦，也没与你有眼神接触，并且跟团队说："我们要注意时间安排，确保所有事情保持正轨。"然后大家继续讨论，对你的建议没有任何回应。

在会议进行的过程中，你脑子里会想些什么？你是专注于讨论还是在想领导为什么没有对自己的想法给出哪怕带一点儿积极色彩的评价？在这个会议中，你还会与大家分享自己的观点吗？在未来的会议中呢？而且到底发生了什么？

蝴蝶肯定会做最坏的假设（"他不喜欢我的想法，或者他针对我！"）；而犀牛也许都不会意识到这种可能的否定，就算察觉到了，他也很可能不会在乎。反应本身没有对错之分，但哪种反应对你的职业更有帮助呢？大多数情况下，这两种极端都不完美。你想让自己足够敏感，可以注意到领导对自己想法的不同反应，但如果你认为这个反应对你来说很重要，那你也应该强大到可以处理这个问题。所以，多向犀牛方向发展，但不要成为它。

这个案例取自我的真实生活。整整一周，我对高管无动于衷的反应耿耿于怀。越想这件事，我就越沮丧，因为我认为那是个非常好的想法，我喜欢自己的想法，你不喜欢吗？他就是对此完全不理会。我讨厌自己成为一个充满愤怒、多疑和义愤填膺等各种情绪的复杂体。

下次周例会开始时，高管羞怯地对我们笑笑说："我们可以回顾一下上周会议的后半段内容吗？当时我身体不太舒服，得了肠胃感冒，就想快速结束会议，然后我就可以去厕所了。"他注意到我们面部表情的不自然。"对不起，可能一下说得太多了。但我感觉自己当时没有听清你们说的内容，所以，我们能再回顾一下吗？"

在这个故事中，让我感到的恐惧的是，我确定如果他不说明事情真相，我很可能会一直纠结这件事。如果我感到了困扰，我本应该跟他谈谈，直接说出我的问题，但在那时，我太像一只蝴蝶了，根本不敢这样做。我只是让我以为的否定永远贴在我的尼龙身体上。

即使高管真的不喜欢我的想法，这也只是工作中相对较小的否定。但大多数人都没有经历过大的否定，我们只是不时地遇到"小否定"，而这些时刻不会被我们淡忘。对于一些人来说，他们会不会忘记那些不尊重的话、窃窃私语和没有说出来的否定（真实的或自以为的），积少成多，继而对他们产生负面影响。

"我已经学会了避开那些不支持或不鼓励我的人和情境。"艾米丽·哈丁（Emily Harding）说，她是威斯康星州霍尔图形公司（Hall Graphics）的产品经理。"人生苦短，何必把时间浪费在不喜欢你的人身上。"

艾米丽的观点很合理，但也可能会影响她的职业发展轨迹。那些喜欢避开否定或是逃避可能遭遇否定的情况的人，在躲避困难的同时也会错失机会。他们可能不会寻求升职的机会，也不会接受富有挑战的任务；他们可能不愿意承担风险或是跟难相处的（但是有才能的）人共事。相反，大多数超级成功的人随时都会面对可能的否定，因为他们无时无刻不在将自己推出自己的舒适区。

如果只玩让你感觉舒服的游戏，那你永远不可能在职场中的扑克游戏里赢。

如何处理被否定的情况是一个比较敏感的话题，因为很多人都不愿承认自己有与被否定相关的问题。我们理应是一个强壮的、表现突出的、无所畏惧的工作机器，并且有着与犀牛皮一样厚的皮肤。我们崇拜“犀牛”，蔑视“蝴蝶”，所以我们为什么要承认自己偶尔有与蝴蝶一样的行为呢？

没有人会把萨米娅·阿尔法（Samia Al-Falah）跟蝴蝶联系在一起。萨米娅在科威特长大，考入了加拿大的滑铁卢大学，毕业之后回国。她在科威特国家石油公司工作了 20 多年，现在是 KNPC 的一名项目管理工程师。她工作努力，为自己赢得了非常不错的专业声誉，同事（大部分是男性同事）尊重她的渊博知识和工程方面过硬的专业技术。

他们也了解她要求苛刻、坚持己见，还有一些冷酷无情。“你不可能与她有很大的分歧。”一名同事说，“任何事情，要么就举双手同意她，要么就与她一战到底。根本没有折中的观点。”他们很不情愿地承认，当他们与萨米娅有不同意见（一般都与工程设计过程、程序或合规性要求等方面有关）时，她几乎每次都是正确的。

很多同事仍然记得几年前的一次事故，当时工程师团队决定快速重启一个因为例行维护而暂停运行的石油平台，但萨米娅坚持按照标准程序来进行。“她不肯让步，哪怕只是 1 英尺（1 英尺=0.3 米）。我们都很生气。”她的一位同事说，“这意味着我们完不成本月的进度，也就拿不到奖金了。”但与她不想违背规则的原则相比，同事们更反感的是她的方式（严厉、尖酸刻薄并且带有讽刺）。直到几年后的今天，有些人也还是在迫不得已的时候跟她说话。

表面看来，萨米娅坚韧不屈，身穿盔甲，随时准备好战斗。她对其他人的负面评价毫不在乎，似乎已经掌握了应对（忽视）来自同事的否定的技巧。典型的“特氟龙犀牛”，是吧？好吧……不要这么快下定论。

萨米亚的丈夫会告诉你，他有多少个晚上安慰在自己怀抱里哭泣的萨米亚。萨米亚每次与同事在工作中发生激烈争吵后，晚上回到家总会大哭一场。她讨厌别人不尊重或不喜欢她的那种感觉。“我最不喜欢的就是我会关心他们的想法，我真希望自己可以忽视它们。”她说。

事实上，她难以接受他人的否定或蔑视，这种感觉让她更加苛刻。我问她，如果让同事评价她的技能和能力，你认为他们会怎样说。

“他们不尊重我，”她提高声调说，“他们不把我看作一名工程师，也不重视我的意见，他们只认为我是一块绊脚石。”

事实正好相反。我问了她的几位男同事，他们都提到萨米亚的能力非常出色，他们信任她的意见和想法，也尊重她对 KNPC 系统了如指掌的事实，她真正了解事情该如何做。一次又一次，只要出现分歧时，唯一的负面反馈就是关于她的苛刻和粗鲁。所以，如果可能，大多数人都会尽量避免与她出现分歧的情况。

萨米亚之所以表现出苛刻和粗鲁的态度，完全是因为她认为同事们不尊重她。而同事们对萨米亚缺少尊重的一个主要原因就是她的尖酸刻薄。这很疯狂，是不是？

当我第一次在科威特见到她时，萨米亚刚刚错过一次升职机会，她对此很生气。同样的恶性循环也涉及其中：她确定“他们”不尊重她，因此她没得到升职机会；“他们”感觉她态度粗鲁，无法领导大团队。当萨米亚参加一个领导力培训研讨会时，我当时在会上做引导，我们就曾讨论过她对于否定和偏见的敏感性。讨论很简短。

“我在处理被否定上没有问题，我唯一的问题是与一群傻子共事！”

和其他尼龙蝴蝶一样，萨米亚总是对所谓的否定、蔑视和侮辱耿耿于怀，这些逐渐积累，在心里形成巨大压力。情绪终有一刻会爆发。这也就是为什么有些尼龙蝴蝶会突然间猛烈攻击对方，我把他们称为带尖牙的尼龙蝴蝶。

萨米亚不愿自我反省，认为错失升职机会意味着自己的职业轨迹基本开始呈水平状态。她很可能变得更沮丧、更粗鲁，自认为自己肯定被误解了。

与萨米亚相反，查理·马尔罗西（Charlie Malrose）也是一个“蝴蝶”类型的人，但他愿意深入、客观地审视自己，做出相应调整，让自己的职业发展重回正轨。查理是明尼苏达州的一家社区商业银行的中层经理。因为查理为人可靠、工作努力、尽职尽责，所以大家对查理的评价一直很好，是一个典型的“好男人”和“童子军[①]”。查理似乎很适合在银行业工作，因为他友好、敏感，做事绝不敢冒风险，也不会挑战道德底线。

但是因为他的谨慎，他会拒绝接受结果不确定的项目或其他任务。有一次，他得到一个在商场里首次推出“微型银行”零售机的机会。但是查理认为，与零售机相比，ATM 的成本更低，所以项目很可能会失败。他拒绝了这次任务，最终结果也表明他是正确的。零售机的新业务不够多，收入和成本不成正比，所以他们又把零售机替换成了 ATM。“我躲过了射过来的子弹，没有把我的精力浪费在这个项目上。”他说。

当零售机项目负责人在为银行高管层做事后回顾时，查理坐在房间后面，暗自庆幸前边站着的人不是自己。谁愿意在众目睽睽之下讲述自己项目失败的过程和原因呢？查理肯定不愿意。在 CCB 工作的前七年里，查理定期会升职。但从那之后，查理的升职速度开始变慢，最后甚至停止了。尽管年度业绩评估

① 童子军用来形容一个人单纯、善良。

成绩很优秀，但是查理几次错过提升机会。他感到很诧异，但没有抱怨，也没有找谁“申诉”。这就是他的风格。

然后他又一次失去了升职机会，得到这次机会的是那位失败的零售机项目的负责人。这个人之前也负责过其他几个项目，也没有特别的成功。查理很困惑，非常失望，最终忍不住询问为什么他被忽略了。答案出乎他的意料。

“我不确定你是否能处理不确定所带来的压力。”区域副总裁告诉他，“在领导层次上面对的业务，已经不像日常的银行业务那样具有可预见性了。”区域副总裁接着解释说，查理是一名可靠的、谨慎的谋略家，但不是一位强大的领导者。

查理又向 CCB 里的其他主要领导寻求反馈，也听到了同样的评价。“我们需要可以承担适度的风险的领导者，而不是完全避免可能的风险。”一位领导告诉他。另一位也说：“为了不断壮大，我们需要创新性的想法，而领导者就是愿意冒着风险来支持这些创造性的想法的人。”

查理听到这些评价的时候并不好受，但他了解自己，他们说的基本上是正确的。他不爱承担风险，不愿意支持可能不受欢迎的想法，习惯避开冲突。他考虑的不是失败的概率，而是他人对自己的看法，他不想被认为是一个失败者。我们的目的不是要对查理进行心理分析，但事实的真相是查理有个不愉快的童年，在家受到虐待，在学校受到嘲笑，15 岁之前，他有严重的口吃。

查理有野心，他也明白自己谨慎性格里的一些方面影响了职业发展。不过，好在他愿意做即使是最艰难的事情。他用了很多时间来深入思考自己的性格类型、造成自己谨慎的原因以及自己能够真正做多少改变。他不认为自己可以完全成为一个强硬的“犀牛”，但他决定至少要向那个方向发展。

他最终明白了自己因为（对失败、尴尬和偏见的）恐惧所付出的代价。他又有了一次机会，做一个不一定会成功的新项目——在上中西部地区的基础上扩张 CCB，那是由最强劲的一个竞争对手所控制的领域。查理的团队在传统市场领域外新开设了五个分部。“我遇到的最好的事情就是，虽然我和团队非常努力，并且下决心要克服各种困难把项目做成功，但它终究还是以失败而告终。因为在我经历了所有的紧张和焦虑之后，当一切尘埃落定时，我很好，其他人也很好，我们都会继续向前。”查理还是要为高管层作事后回顾报告。很尴尬，也很不自在，但他依然活生生地生活在这个世界上了。

查理参加了一个关于公共演讲的研讨会，还加入了当地演讲小组。他的目的就是让自己对所谓的来自他人的偏见不再那么敏感，因为公共演讲绝对在他的舒适区之外，并且这也是一种不错的扩大舒适区的方式。一年后，他决定再次扩大自己的舒适区——在当地的健身房练习跆拳道。“这绝对不符合我的性格，家人和朋友都非常惊讶。”他说，“但我需要它。这种高强度的活动确实有帮助，我开始不再那么关心他人的看法，不再那么敏感了。而且如果我想，我可以揍办公室里的大部分同事了。”

查理的性格并没有改变，他仍然是那个尽职尽责、避开风险和为人可靠的查理。但是这些特点背后的自我怀疑逐渐消失了，不出意料，他的职业发展开始加速。查理现在是威斯康星州（Wisconsin）CCB 的区域副总裁。“是的，我还是个好人。”他在电话中对我说，“但有些不同，因为我以前的好是希望他人对我也好，但现在我友好，跟别人想什么一点儿关系都没有。”

那么，你应该去学跆拳道吗？不一定。与你分享查理的故事的意义就是，他愿意深入和客观地审视自己，而且愿意付出实际行动来改变自己。

被否定或他人的负面评价是事业成功的一部分。事实上，你想要实现多大的成功，你就会面对多大的挑战。大多数非常成功的人经常会面对恐惧和犹豫，因为他们在不断地逼自己走出舒适区。

那么，成功的关键是要有像犀牛一样厚的皮肤吗？有那样的皮肤确实会有很多好处。你不会让他人的否定影响你前进的速度；你可以大胆地跟有影响力、有权利的人说话；你可以忽略他人蹩脚的批评；你在困难面前坚持不懈；你将不接受借口；你会逼迫自己努力，逼迫他人更努力。你最终会实现自己的职业目标，这才是重点，不是吗？

当然没有这么快就能实现成功，因为具备厚厚的皮肤是一把双刃剑，它也有着非常不利的一面。情绪城墙或障碍具有两面性：它可以防止你接收到负面情绪，但也能过滤掉在与他人建立真实关系时产生的积极情绪。

你可能已经见过几个极端的特氟龙犀牛了，他们从来不会和其他人有真实的情感关系。他们的奋发图强、专心致志，会让其他人感觉是在他们的强压下工作。这些极端的犀牛们有时会无意识地为自己的成功制造阻碍，因为其他人与他们共事时会不舒服或感觉受到了他们的威胁。所以领导不会把工作分配给他们，人们选择不与他们合作，而犀牛们也不知道事情为什么这么难以完成，所以，他们会逼得更紧。

特氟龙犀牛们有时会为自己的事业成功制造阻碍。

所以具备或形成厚厚的皮肤可能不是事业成功的最终关键因素，特别是在大多数真正成功的职场人士都与自己的同事和客户有着深深的情感联系的情况下。他们一般都有着娴熟的人际关系技能，好交际、爱互动、性格外向、幽默、敏锐、以人为本，他们是真地喜欢和关心与之共事的人。我们无法将有这些性格的人与有着类似犀牛皮肤的极端人士联系在一起。

不过，成为一只“蝴蝶”意味着你太敏感，过于关注他人对自己的否定或负面的看法；成为一头“犀牛”意味着你是一个恶霸，不能激励主动与你共事的人。那么，你该如何平衡这两者之间的矛盾？

一般来说，在极端蝴蝶和极端犀牛之间的直线上，最成功的人更多像一头犀牛，但不完全是。他们处在如下图所示的位置。

这些成功人士又是如何处理恐惧和他人的否定的呢？首先，他们不会假装没有感觉。相反，他们会承认自己的负面情绪，不管是在失败或被否定时，失去一次重要的升职机会时，他们负责的项目没有按计划进行时，还是在失去一项业务或同事的支持时。有时对潜在偏见或否定的恐惧会阻止人们前进，对于这 点，他们坦然面对。

你呢？关于对失败或潜在偏见的恐惧，或是在被否定之后是否有负面反应等方面，你的自我认知程度如何？对潜在否定的恐惧是否已经让你止步不前，你是如何知道的？

由于你良好的职业道德、人际交往技能、专业知识和能力，你可以很成功地拥有自己的事业，但每天仍然会恐惧上班。你可以实现自己的人生目标和经济目标，但却不可能发挥出自己的全部潜能。你可以做得很优秀，但却可能逃避会给你带来可观回报的某一特定道路或方向，因为对偏见或否定的恐惧阻止了你。这不是真正的成功，不管你实现了怎样的经济成就。

即使在这个方面缺少自我认知，你的激情和才能依然会推动你前进，但前提是没有大的挑战来考验你的情绪恢复力。你可能依然会取得成功和进步，你的事业可能会得到发展。

直到你停滞不前。

当艾瑞克 · 乌蒂亚加（Eric Urtiaga）作为圣地亚哥一家营养品公司的产品经理开始自己的新工作时，他期望能够对自己所在乎的市场产生影响。艾瑞克热衷于在工作和生活中保持健康的头脑、身体和精神。他之前工作的公司是一家营养和健康公司，有着积极向上、充满活力的文化。有同事告诉艾瑞克，他的态度和能量是他们每天期待上班的原因之一。他之前所在的公司把他看作后起之秀，他也很喜欢在那里工作。但是进入一家规模更大的公司、承担更大的角色，对他来说诱惑非常大。如果他这颗星星注定要升起，他想要升得更高、更快。

在新公司工作不到两周，当艾瑞克听到有人在背后说他坏话时，他很诧异。

“我们要开发产品，他并没有相应的教育或研究背景。” 公司的公关经理马琳（Marlene）鄙视地说。在艾瑞克就新产品的发布和当前产品的推广这两方面表达自己想法后，她总是抓住每次机会抨击这些想法。并且当他在一个展位上的支出超出预算时，她在几次会议上都提到了“预算问题”，就是为了让艾瑞克的老板意识到这一点。

起初，艾瑞克会积极面对这些问题，但是这些批评着实让他有些难受，直接解决时艾瑞克会感觉有些不舒服。作为一只积极乐观的“蝴蝶”，他只是低下头，专心做好自己的工作。马琳是公司的老员工，几乎每个部门都有她的朋友和熟人，慢慢地，她背后诋毁艾瑞克的活动开始起了“效果”。艾瑞克可以感觉到有些人对他失去了信心，所以他决定直接面对马琳，一起解决这个问题。当然是以典型的蝴蝶方式，他表现得非常亲切友好。

“刚开始的时候我们相处得不太融洽，我想要重新开始。”他私下里对她说。

马琳看起来有些吃惊，“我不知道你在说什么。”艾瑞克跟她讲了一些事情，但被马琳打断了。“我知道你想要坦诚地沟通。这是你说的，对吧？我清楚地跟你说过我的担心，在适当的时机我又与其他人说了这些担心。我们这里的文化就是公开交换意见，人们自由表达他们的意见。”

艾瑞克与她的谈话毫无进展，所以他结束了这次见面，认为她以后再在背后谈论自己时至少会考虑一下。相反，马琳直接找了 HR 经理，进行了投诉。

她误解了这次谈话的性质，告诉 HR：艾瑞克对自己的批评很生气，感觉自己“受到了威胁”。

当艾瑞克被叫到 HR 经理的办公室，有机会对此进行解释时，他的感觉很复杂——诧异、尴尬和（不幸的是还有）气愤交织在一起。马琳很明显在撒谎。所有这一切让他爆发了。尼龙蝴蝶长出了尖牙，因为几个月以来他人的评价和否定给艾瑞克带来的压力，都积攒在他的心里，这一刻就像火山喷发一样。“我告诉你！她就是一个阴险的骗子、泼妇！事情并不是像她说的那样！我不知道为什么，她从第一天就对我有意见！”

他强烈的过度的反应对他并无帮助。HR 经理对他的印象是，是的，艾瑞克很可能让马琳感觉受到了威胁。

如果这个故事有个圆满的结局该多好。如果艾瑞克和马琳最终可以发展成高效率的合作关系，这听起来也不错。但艾瑞克的“蝴蝶”倾向驱使他逃避困难局面和难相处的人。他努力让自己专心做好工作，但就连这一点也变得非常困难，因为他每天上班时都会感到压抑和愤怒。

接下来的 6 个月里，艾瑞克在营养品公司的职业发展呈缓慢下滑趋势。他的预算受到了更多的限制。老板也开始干涉他的很多想法，“鼓励”他“让一切保持正常运行就好，现在不需要尝试新想法”。老板的这些话似乎就贴在艾瑞克对面的墙上。工作状况越来越艰难，他的情绪也随之低落。

艾瑞克在情绪上缺少恢复能力，无法有效地应对这些问题，他的工作和生活中之前从来没有出现过类似的情况，所以这对他来说就是一个全新的领域。与其坐等着从经验中吸取教训，不如开始面试其他的公司，艾瑞克最后在被裁之前获得了一份新工作。从职业发展角度看，艾瑞克迈出了一大步，但他很开心能够离开他所谓的“有毒环境”，他觉得很开心。

但直到最后，艾瑞克也没能真正学会如何有效处理这样的艰难情况。他感觉受到了误解，在有人提到以前的公司时，他也很愿意和大家分享这个故事。过去几年的时间里，我好几次听到这个故事，每次“马琳”都变得更卑鄙、更聪明，也更强大。

那么，艾瑞克应该学到什么经验教训？他是否可以采取一些措施来改善以前公司的情况呢？他能够在与马琳的游戏中将她打败吗？好吧，犀牛们确实有自己独特的方式来解决工作中难对付的人。

特氟龙犀牛会对敌人保持密切关注

“蝴蝶”的本能反应是不惜一切代价避开难以相处的人，但是这只会给那些人更大的空间来操控你。所以，在会议上，犀牛会坐在他们旁边，而不是桌子的另一边。犀牛会在公开场合对他们进行赞美，这样其他人就会听到犀牛对那个人的赞美之词。犀牛不会撒谎，但会说：

“对于这一点，你有着丰富的经验。”

“我很在意你对这一点的关注程度。”

你应该能理解。在不过分的情况，这些称赞会让其他人知道你很欣赏这个人，这会让他那些背后对你做的负面评价显得卑鄙。

如果这个人公开批评你，一定要对他表示感谢，让他（其实是那些旁观者）知道你有多重视这些坦率的反馈。不要公开反驳这些观点，尝试着说：“你的观点很有趣，我真的很看重这些坦率的反馈。我会深入思考这个方面，然后我们再对此进行讨论。”

艾瑞克最大的错误就是认为会有双赢的结果，这取决于他的性格。积极乐观的人在工作场所中经常会被暗算的人打击得粉身碎骨，因为他们不了解输/

赢的思维模式。你一定要时刻保持警惕，有些人总会抓住所有机会一步一步地将你打败。

所以，对敌人保持密切关注。永远不要让他们知道，你已经意识到了他们背后对你做的小动作。

特氟龙犀牛会小心谨慎地寻求盟友

犀牛们会避免让同事知道自己内心的挫败感，因为他们不确定其他人到底站在哪一边。而且他们也清楚，职场扑克游戏中有一面特别阴暗，人们其实都是墙头草。大多数人都想要站在“胜利者”的一方，所以如果难以相处的这位同事占了上风，大多数人都会倾向这个人。出现这种情况时，不要灰心或沮丧，这只是人类的本性。我们都会被所谓的强大力量吸引。

同时，即使你不能表达自己的挫败感，但你可以看到其他人流露出失望的迹象。在暗算者因自己很少付出的项目而获得了褒奖时，可以看到其他人不动声色地翻白眼，或者其他现象，这表明其他人对暗算者失去了耐心。你可以试着接近这些人，与他们联盟。但如果他们开始公开表达失望，你应该专心倾听，但不要参与。这仍是一场象棋比赛。

不要表露心迹，闭紧嘴，深呼吸，也不要把自己的感受说给老板听。在涉及这一方面时，对于你的上司（或公司）来说，他们看重的只是员工的表现。你与同事的性格冲突在他们的轻重缓急列表中只处于不重要的位置，他们欣赏的是能与难以相处的人有效共事的人，而不是对暗算者抱怨、整天发牢骚的人。

特氟龙犀牛会利用他们的幽默和善良

恶霸以他人的恐惧和失望为食粮，所以不要让他们得逞。不要让同事的评价毁了美好的一天，不要让那些混蛋打倒你。事实上，他们无法威胁你，无法把你踢出局，对于这一点你应该感到自豪。你的关注点在于向其他人展示你的风格与难以相处的人的风格之间的鲜明反差。

如果有人找到你，告诉你一位同事对你的负面评价，你要一笑了之："那我必须找时间和她多多相处，这样她就能直接告诉我这些问题。那样我们的对话效率岂不更高？"

如果他们公开批评你，比如说在会议上，你可以用笑声和轻微的讽刺来应对："不要隐藏，直接告诉我你们的真实感受。"

理性与非理性的不安

当你的恐惧、不安或不确定都来源于对某个情况的客观理解时，这种不安就是理性的。如果你没有在公众面前做演讲的经验，至少在刚开始的几分钟内你会感觉很不自在。如果你不断向老板提议新想法，但都被否定了，那你以后每次有新想法时都会认为并且担心老板会有同样的回应。这些是理性的。

如果你从来没有跟高层领导谈过话，而你突然间就在飞机上坐在了领导身边，你肯定会感觉不确定。

这些理性的不安都有一个根本原因：缺少知识、经验或准备。事实上，在这些情况下，如果你没有感到不安或没有担心可能出现的否定，事情反倒不正常了。你没有经验并且没有准备，你不知道该如何做或该期待什么。

一般情况下，理性的不安或恐惧对我们是有利的。你是否认识一些人，他们对自己的能力特别自信，感觉无须做准备或练习？大多数人都至少遇到过这样的人，他们对否定或失败从来没有过恐惧，甚至连理性的恐惧都没有，他们就是典型的极端特氟龙犀牛。多数情况下，他们都做得非常好，但过度自信最终会让他们惨遭失败，并且结果通常非常糟糕。

极端特氟龙犀牛的过度自信可能会造成他们准备不充分。

对潜在否定的理性的不安、不确定或恐惧，其实是一件好事，因为它可以作为一个警钟或一座闪光警示灯塔来提醒你。你需要更多的信息、更充分的准备以及更多的经验。一旦你拥有了那些，理性的恐惧就会自行消失。

但是，对潜在否定的恐惧不总是理性的。有时它不是以对当前情况的客观了解为基础的，这就意味着提高你的知识量、经验或技能水平也不会让这种恐惧消失。非理性的恐惧有多种形式。一些销售人员会用好多时间来练习他们面对拒绝时的回答内容，但对于客户或潜在客户拒绝自己，自己无法充分回答客户的这种感觉还是挥之不去。一些人会努力与工作中的相关人士“建立关系”，努力与同事相处融洽，而他们也确实与这些人形成了稳固的联系，但他们还是无法动摇那种其他人私下里轻视自己的感觉。

从本质上讲，这是一种对不被他人喜欢的非理性的恐惧。我们想要所有人都喜欢自己，这一点并没有错。但这一点也被认为是极端的，想要被喜欢的那种强制性需求会影响你的工作能力。你留给他人的印象会是太友好、太乐于助人，你的同事会喜欢你，但他们不一定会尊重你。

但不一定非得是直接的或戏剧性的。对潜在否定的非理性恐惧的表现是时常出现的拖延症或优柔寡断，甚至就连懒惰、无聊和负面思维都是一个人退缩的表现，由于他对潜在否定或偏见的非理性恐惧。

如果对这种非理性的恐惧放任不管，那这种恐惧就会发展成为绝望、对失败过度反应、伤害自己和他人、不遵守承诺、过分取悦他人、刻意成为他人等。

在事业发展过程中，几乎所有人都必须处理理性的和非理性的恐惧。对于非理性恐惧，通常来说，最有效的方式就是战胜这种恐惧。如果你了解到犹豫不决的办事态度对自己的职业发展产生了多大的影响，这一点就能够推动你向前。如果你能推动自己战胜非理性恐惧，这样做的次数越多，以后在职业发展过程中，你就越容易战胜其他非理性恐惧。

黛布拉·阿达莫（Debra Adamo）就是一个很好的例子。她是红色皮革公司的创意总监，红色皮革公司是一家创意设计公司，在纽约、旧金山和亚特兰大都有分公司。毫不夸张地说，她的职业发展很不寻常。如果她当时没能有效地处理自己的理性和非理性恐惧，那她现在很可能就是芝加哥郊区的一名美术教师。

在黛布拉描述自己所选择的职业道路时，很显然，她处理失望、不确定和否定的能力（或是缺少）是其中的决定性因素。“我想要成为一名艺术家和画家。在上高中和大学时，每个人都在强调我多么有才华。我喜欢艺术学校，那是我人生中最好的时光。”她说，“在我的第一场画展中，大多数作品都没有卖出去，当时我并没有准备好面对这样的情况。我精神上受到了打击，我的人生开始呈现下滑的趋势。”

大学毕业之后的两年里，黛布拉都靠画画儿为生。那些年，她经济上非常困难，但钱并不是她面对的主要问题。“只要作品没有卖出去，我的内心里就会有一种深深的自我否定感。”她说。黛布拉最终决定，如果她注定要过相对贫困的生活，那至少每天要做能让自己开心的事情，所以她成了当地大学的美术教师。她计划把自己的艺术事业作为“兼职”来做，但她的积极性却逐渐褪去。“把自己置于这样的境地，让我感觉他们并不喜欢我的作品，我对这样的事情越来越反感。”她说。

做了五年的美术教师后，黛布拉当时三十岁出头，她开始不满足于当前的生活，特别是自己的经济情况。她其实并不穷，但她认为自己想要一种有更多选择、更多机会、更多自由、更高收入的生活以及实现所有这一切的途径。“当我的美术学生们谈论他们的目标和梦想时，我对此冷嘲热讽，回应很消极。就好像我需要摧残他们的精神，正如当初我的被摧残一样。”当黛布拉意识到自己的不开心影响到了学生时，她就知道自己得开始做一些不同的事情。“但从经济方面来说，任何我感觉良好的合理的职业选择，其实都是另一项普通工作。”她说，“而且所有有经济潜力的工作都让我感觉不舒服和害怕。”

黛布拉几乎纠结了一年。舒适的职业道路其实并不那么舒服，充满不确定性的恐怖的道路让她无比期待。

“我想，这种碌碌无为的痛苦最终战胜了阻止我前进的恐惧和不确定。”她说，“其实大部分的恐惧都来源于我太在意他人对我的看法。我现在不能肯定地说我克服了那种恐惧，但我已经一步一步地学会了面对它了。”

黛布拉申请了广告公司销售代表的职位。面试过程很痛苦，她明显准备得不够充分，面试者评价说，黛布拉没有表现出想要这份工作的意愿。所以，她没能应聘成功。

黛布拉陆续又面试了几家广告公司的销售职位。她的面试表现越来越好，最终她应聘成功了。“恐惧又开始蔓延开来。”她说。在销售岗位待的前 6 个月里，她感觉很不舒服。他们想要她给潜在客户打电话，所以她每天、每小时都要面对客户的拒绝。“天呐，我真讨厌那种感觉！”她说，“就像给陌生人打电话、邀请对方出来约会，对方几乎当场回绝。”当她真的敲定一次会面时，面对面的谈话也没那么舒服。

有一天，她又确定了一位客户。“乌云慢慢散开，一束阳光照在我身上，生活真美好。”她说，“但无约电话真的是糟糕透了。”黛布拉在新客户拓展的职位上待了两年，她想要转入客户管理职位。但这些职位很少有空缺，一旦出现空位时，竞争非常激烈。她完全可以申请另一家公司的客户管理职位，但是她没有足够的自信。

当公司出现职位空缺时，她给经理了一些暗示，希望经理能够推荐自己。但是当时她自己没有正式申请，并且很显然，经理没有意识到那些暗示。所以一年后，当另一个客户经理的职位出现空缺时，黛布拉申请了，并且得到了升职。“如果我能更勇敢，可能早在一两年前我就得到这个职位了。”她说。

对于这个客户经理的新工作，她很兴奋，特别是她终于不用再打无约电话了。但她很快意识到这代表着机会，同样也会有失望和拒绝，甚至更多。因为当客户决定将项目给其他公司时，所有人都会知道。“第一个电话就被挂断，或是没有敲定新客户，总会让人感觉沮丧。”她说，“但最让人痛苦的事情还是当前客户说他们要与另一家公司合作一个大项目。”这个职位所承受的压力比她预想的要大，但黛布拉做得很好，她学会了忽视客户的刁难。

几年后，黛布拉意识到她真正想要做的是创意工作。她对这个业务做了很多研究，感觉与生俱来的创造性使自己特别适合这个职位。她还认为（事实证明是错误的），这会是一个压力较小的职位，因为她不用每天都要逗客户开心。她会是创意团队的一部分，创造新的想法，再把这些想法抛给客户。这个职位听起来特别适合她，有趣、有创造性，报酬也不低。但公司的创意策划部门的工作机会比客户经理的职位还要稀缺。所以，与其等一年甚至更久，等职位出现空缺，黛布拉直接向其他公司申请了这个职位。

“过程很残酷。”她说，“我真的没想到那些面试会那么困难。他们寻找的是那种有新奇想法，能够将它们付诸实践，并成功推销给客户的人。”黛布拉很幸运，在面试红色皮革公司之前，她面试了其他很多公司以作为练习。“我有机会完善自己的技能，学会了更自如地展示自己的想法，并且为它们力争到底。”

黛布拉加入了红色皮革公司的创意小组。成年以来，她第一次感觉到自己在做天生就应该做的事情。八年过去了，当公司计划将市场向亚特兰大扩张时，公司要求她面试创意总监的职位，她对此感到很惊讶。“起初我拒绝了，因为我感觉这不合适。”她说，“但是最后，我发现阻止我向前的是我的恐惧：担心公司的扩张可能失败；担心这会成为我的错误；担心现在尊重我的人到时会把我看作一个失败者。”黛布拉还是决定向前一步，进入自己的不舒适区。在刚开始的几年里，亚特兰大市场步步维艰，黛布拉经历了很多失败和困难局面。但是，红色皮革公司还是成功地在市场中占有了一席之地。现在他们在筹备第二次扩张——向多伦多的市场进军。

黛布拉回看自己的职业生涯，一条重要的经验教训反复出现。“我很幸运，在职业发展的关键时刻，我总能在最后一刻进入‘不舒适区’。但是我真希望当时能早一点儿那样做。”

所以，我们如何判断自己经历的是理性的恐惧还是非理性的恐惧？我们又能做些什么？黛布拉就是个很好的榜样，因为她及时发觉了自己正在面对的恐惧，并且能够深入思考，了解造成恐惧的根本原因。

当你经历让你感觉不舒服的事情或认为某个工作机会“不合适”的时候，试着找到造成你不舒服的根源：什么让你感觉不舒服？害怕失去控制权？害怕看起来像个无能的人？害怕被嘲笑？害怕未知的因素？害怕看起来像个傻瓜？害怕不被接受？害怕不被喜欢？害怕自己其实只是一个普通人的事实？

什么才是恐惧真实的根本来源?

当心情不好时，黛布拉发现了一个可以推动她前进的积极的动力：什么样的目的或目标可以真正帮助你打破恐惧？具体的经济目标？个人的成长和发展？生活和工作中没有情绪限制的那种快乐？那种想要看看自己到底具备什么能力的欲望？你必须想出可以推动你打破非理性恐惧，继续向前的强有力的理由或目标。

除了积极动力以外，黛布拉还利用了负面动力。她关注不做改变的痛苦，以及她的生活对她来说到底意味着什么。事实上，负面动力才是对黛布拉影响最大的因素，这一点也适应于我们很多人。我们想要好的结果，但我们更愿意采取行动去避免负面影响。

有时，他们就是不喜欢你

不管你是否预见到了被拒绝的情况，但它们总会发生。总会有人不喜欢你的想法，不喜欢你的样子，不重视你的付出或单纯地不喜欢你。没有人敢保证生活是公平的或职场是公平的。事实上，情况往往是相反的，有时好人会遭遇不测，坏人也能遇到好事。所以，当你被拒绝时，记住：

- 特氟龙犀牛不会生气或沮丧。
- 特氟龙犀牛不会纠结于此。
- 特氟龙犀牛一笑而过。（真的，他们确实是这样。我在野外看到过。）
- 特氟龙犀牛会从中总结经验。

你可以从黛布拉这类人身上学到很多，因为他们不允许生活环境去决定事业的成功与否。他们会逼自己，控制自己对生活环境的情绪反应，并由此创造成功。

本章中有很多值得深思的地方，所以，在继续下一章之前，请用一些时间来完成以下问题。

开始思考

你自己在下图中的哪个位置。

尼龙蝴蝶 ←——————————→ 特氟龙犀牛

- 对于你的职业发展来说，这个位置理想吗?
- 你的倾向以哪种方式帮助或阻碍了你的职业发展?
- 在这个方向或另一个方向上，你应该做什么调整?

尽快行动

如果你发现自己是极端的特氟龙犀牛或尼龙蝴蝶，而且也认为做出相应改变更有助于职业发展，那么请遵循以下步骤。

预先告知：在刚开始时，很多步骤会让你感觉很不舒服，因为从本质上来说，做真正的改变对你来说并非易事。

列出由于你的极端倾向而导致自己失去以及没有得到的东西。这一点很重要，因为我们大多数人在职业生涯中都是以结果为导向的，我们需要实际理由来支撑我们做出重大改变。所以，至少列出三项你已经失去以及没有得到的东西，五项及其以上更好。

思考一下造成你这种极端倾向的根本原因是什么。是否是早期生活中的某些经历造成了你现在的这种极端性格？过去你可能没有想过这个问题，但是我们的极端行为倾向一般来源于早期的极端生活经历，它们曾经是一种有助于我们的生存机制，而现在却成了我们的绊脚石。

与他人合作时要自知，要反思自己对他人的回应方式：对于他们的身份；对他们的表现；对他们说的话；对他们表达的价值观和信仰；特别是他们身上触发你极端倾向的事情。对于犀牛来说，谁会引起你本能地卸下或加厚自己的皮肤？对于蝴蝶来说，谁会造成你焦虑或是生气？他们具体做了什么以及典型的环境是什么？要深思熟虑，对自己坦诚：他们在谈论关于你的什么方面的事情时，你会表现得不耐烦？

当你与自己的心灵深处对话时，你会听到什么？你怎么看待自己？是用支持的还是批判的眼光看待自己？你可以找出自己内心里的批评家或受害者吗？将这些反思记录到你的日记里。没有偏见，没有夸大，你只是在探索自身典型的思考过程。

慢慢地，你会更加关注自己在情绪方面对他人行为的反应，以及内心的思考过程。然后变化会自然发生，你的被动反应越来越少，你越来越多地主动回应他人。

对于犀牛来说，被动反应的表现一般是本能的卸下或保护厚重的皮肤。

对于蝴蝶，被动反应的表现是不自主地爆发（在心里，而不是直接向外），内心充满了愤怒、沮丧或焦虑。

积极主动地回应而不是被动地回应，意味着你的任何回应都经过了深思熟虑，之前的反应很可能会引发更本能的反应。

随着你的进步，不管你是犀牛还是蝴蝶，你最终都会意识到自己的极端倾向无形之中在自己和他人之间放置了一个不必要的屏障。如果你是一只极端的犀牛，那你可能永远成为不了一只完全的蝴蝶，但你可以变成有着翅膀的特氟龙犀牛，或者一只长着尖牙的蝴蝶。

在你反思自己的行为倾向之后，选择一位你对他会有极端反应的同事。一步一步地调整自己对这个人的本能反应。仔细观察他们，主动倾听，提出更好的问题，对他们表现出真正的兴趣，同为人类而不只是同事的兴趣。这对你来说可能很不舒服，也违背了你的直觉感受。所以，刚开始时只关注一个人，因为一下子关注太多人的话，你可能一时接受不了。

长期的想法和行动要点

在任何职业中，某些程度上的否定是不可避免的。这是现实。

随着事业的发展，被拒绝的机会会随之增加。

为了成功，你需要保持高度的活跃和投入，逼自己走出自己的舒适区。

你越活跃、越投入，你就越能将自己推出舒适区。但是，你随之也会经历更多的拒绝、不确定和恐惧。

注意自己的情绪化反应。当极端情绪出现时，直面自己的感受。

如果你正在经历对否定的理性恐惧，战胜它的关键是直面它并且做好充分准备。有时候，你只有经历了，才能获得相应的知识。

有一些不舒适可能是非理性的，你必须迫使自己进入并且穿过这些不舒适的局面。

第6章

好好欣赏表演

世界是一个大舞台，所有事情都具有戏剧元素。

——威廉·莎士比亚（William Shakespear）

没有提升，可怕的事情便发生了……一成不变！

——P.T. 巴纳姆（P.T.Barnum）

在我所共事过的人中有很多人非常有才华，拉尼·马西森（Lani Matheson）就是其中之一。很多年前，她是我的技术系统分析员，在我离开公司之前，我把她提到了技术项目经理的职位。我们之后没有太多联系，但我真心希望她在事业上能够有所成就，因为她是如此聪明、努力和有能力。

去年，我联系了她，因为我现在就职的公司想要聘请一位技术系统总监，带领由分析员和项目经理组成的团队，我想她是这个职位的不二人选。我俩上次谈话几乎是十年前的事情了，我以为她早已进入技术类的高管层了，但实际情况却是她与我们上次见面时的情况相比并无太大进步。运气真好，我想，因为这就意味着我公司空缺的这个职位对她来说就是向前迈了一大步。我不是唯一具有决定权的人，但对于最终的聘用决定，我有很大的影响力。

所以，我先打了电话，看看她对此有多大兴趣。她非常兴奋自己的职业能够向前发展一步，她甚至说明了自己在过去几年里一直无法取得突破。于是我把她的简历发给了人力部门，请他们安排与每位决策者的面试时间。两周之后，我首先在我的办公室见到了她，在她进行其他面试之前能够与她先叙叙旧也挺好。她依旧是我几年前认识的那位非常具有能力的人。最后，所有面试者都要简要概述他们与拉尼以及其他三位候选人的谈话。

我感觉自己很客观，与其他候选人相比，拉尼明显更具能力、更适合这个职位。但事实却是其他面试者根本不同意我的观点。他们都支持另一位候选人，当然这位候选人也给大家留下了很深刻的印象，但我知道拉尼要更聪明、更有能力，更适合我们的特殊需求。但在他们谈论自己观察到的内容和认识到的缺点时，我感到很失望。

“我请她说一些工作中的案例，她没有说出什么。”其中一个人说。

“我可以给你一些非常好的例子。”我回答。

“她还可以，但另一位候选人的回答更干脆，而且很详细，而且他之前对我们公司做了很多功课。我觉得她不过就是出现一下……"

"这可能是我的错误，"我说，"我请她过来面试，所以她可能觉得无须做任何调查。"

"另一位候选人问了很多不错的问题，而且还做了笔记，他的穿着也很干练。我感觉她就是在午餐休息时间开车过来，很着急地想返回办公室。并且她的态度和穿着也……很随意。"

"好吧，她是一个实干型的人才，不善于表现自己。"我回答说，"我和她一起工作过，我知道她有多优秀……"

"她肯定有我们所需的专业技术知识，但我觉得她的性格不适合我们。"

"相信我，你一旦看到她工作起来……"

突然间我停住了。我意识到自己在向他们推销她，而这件事的底线是拉尼都没能很好地推销自己。我了解她这一点，其实在我们共事的时候，她就很少吹捧自己。她为人低调，只是专注于做好工作，这对我来说很好，这也正是我需要的。但我现在知道了，这对她自己来说并不好。

在我考虑这一切时，我开始明白了她的职业发展为什么没有我想的那样快。不会有很多人关注她，也不会花时间去了解她惊人的能力。即使我也不会这么做，但我们很多年前合作的第一个项目让我了解到了她的专业技能。很不幸，她几乎完全缺少自我推荐的能力（和兴趣），这也意味着大多数人看不到她的优秀。这听起来很不公平，但世界就是这样。

你可能在自己的领域里做得非常出色。如果不是，请先让自己变得优秀。但我们先假设，你的能力突出，工作出色，这很好，但其他人的工作也很出色；你努力工作，领先于其他人，但很多人也是如此；你对公司做出了重大贡献，别人也一样。那么，你如何确保自己的成就和贡献为那个正确的人所认可，发挥出自己职业发展的最大潜力？如果你找不到毛遂自荐的方式，那你优秀的表现只能淹没在其他人自我推荐的浪潮中。

当今的世界处于高度竞争状态，没有人愿意自己名字出现在下一次的裁员名单上；竞争者越来越多，升职机会越来越少，仅仅做好自己的工作这远远不够。你要更加努力，让那个正确的人了解你的出色工作和非凡能力。

如果你找不到推销自己和自己工作的方式，那你其实是在降低自己，因为其他人都在积极地进行自荐。商学院会开设“职业宣传”和“自我营销”的课程。商业类书籍也建议职业女性“挺身而出”，支持自己。在其他人都在推销自己能力、建立“个人标签”、强调自己是“思想领袖”的浪潮中，每个人都在逆流而上。所以，如果你不奋力向上游，这股浪潮终将会把你冲到下游。

“每天我们都在上演一场秀，不管我们是否意识到，不管我们是否喜欢。”芝加哥（Chicago）一家大广告公司的总监告诉我：“没有必要因此而烦恼或沮丧，因为这就是人类的本性，所以，在公司中想要表现出色，你必须学会欣赏这场表演。而欣赏表演的最佳方式就是上演一场精彩绝伦的表演。”

商业世界具有喜剧和表演的元素。对于很多人来说，这是不合适的，因为我们天生就不喜欢自我推销。公然的自我推销会让人们感觉很不自然。几乎地球上的所有文化都视自夸为一种拙略的方式，大多数人都喜欢用我们的工作质量说话。

我们不喜欢一类人，他们把自己和工作公然推销给对职业发展最具影响力的人。当他们（成功地）因他人的工作而受到称赞时，我们会更加失望。但工作中的表演每天都在上演，不管我们是否喜欢。

有人在会上一直用 iPad 回复邮件，也不发言，但当领导进来时，她突然间就有了很多想法和意见，你不讨厌这样的人吗？高层领导对她的某一个想法感兴趣时，你内心是不是燃起了熊熊火焰？

肯定地,但你自己对此又做了什么?你是否也站起来与大家分享自己的想法?你是否也通过某种方式来突出自己(当然,不是以明显的方式)?或者你还是只是独自一人对这种不公平生闷气?

高傲地拒绝“参与游戏”或“上演一场秀”可能会让你感觉良好,自认为自己非常正直,或者这仅仅是掩盖你的不自在、对工作质量的不确定、怀疑自己是否能演好这场演出等事实,也许这仅仅是因为直到现在也没有人为你展示如何优雅、专业地“演出”。这一章,我们就以这个话题为中心进行阐述。

你的日常广告牌

“我不会聘用形象不佳的人。”一位高级珠宝连锁店的老板说,这家珠宝连锁店的总部位于不列颠哥伦比亚的温哥华(Vancouvor, British Columbia)。我们正在讨论为员工进行客户服务培训项目,我之前称赞过他店里令人惊叹的建筑、奢华的家具和员工几乎完美的着装。所有这一切都为顾客营造了一种独特和妙不可言的经历。我本以为他的反应应该是“谢谢”或“你真是太细心了”,但他没有,他只是很自豪地笑着说:“我不会聘用形象不佳的人。”

他一定是看到了我的面部表情变化,因为他接着做了解释,确实,当他*说*这些事情的时候,我还是有些惊讶,事后我才明白了他的意思。这些是注重礼节的公司里不会明确说明的“残酷事实”,但如果你想要在工作中有效推销自己,就必须面对现实。以下是珠宝店老板话语里比较精彩的部分:

- “我们时常会用自己的眼睛把彼此看透。”
- “外表具有吸引力的人相对容易说服他人。”
- “我们都会认为肥胖的人缺少自律或智慧。”

- “当我们用自己的眼睛看穿肥胖的人时，那画面并不美。但我们还是会这么做。”

不要处死表达这样观点的人。他的看法可能会让人难以接受，但长得漂亮或英俊确实要好。如果你（跟我一样）属于相貌平平的一类人，而且你有机会变得特别英俊或漂亮，其他条件都是同等的，你会拒绝吗？当然不会。因为外形有吸引力会给你带来很多有利之处，其中一点就是人们会更愿意听你说话，更倾向于相信和信任你。

这不只是个人的看法。早在几十年前这个问题就为人们所认识到，并且一直在研究。但我不准备给你罗列各种研究了，而是直接告诉你应该怎样做。老天赋予了你现在的容貌，你最终还是要尽自己最大努力做出改变，尽量减少岁月对它的伤害。

广告牌的设计目的就是在车快速驶过时抓住人们的注意力，快速传递简短信息。把外在形象看作你的“日常广告牌”，向每个与你接触的人做广告。以下是几条小的建议。

提高衣着品位：比同龄人穿得要好一些。观察比你高一两个等级的人，模仿他们的穿衣风格，只要差距不太明显即可。当涉及工作着装时，人们会注意到衣服的质量。即使是建筑工头，在他想成为现场经理时，也应该确保自己的穿着要符合面试的职位身份，而不是已有的身份。

拒绝商务休闲装：为了符合所处环境而必须穿“休闲装”时，注意选择高质量、浅色系的服装，而且图案要能够反映专业品位。永远不要忘了，人们会注意到你每天的着装，由此对你进行评价。

明亮的眼睛和灿烂的笑容：虽然我们知道，但还是不能与他人进行足够的眼神接触。不需要向跟踪者一样盯着某人看，不过，当你在会议上或走廊里与人打招呼时，请直接看着他人的眼睛。如果你的牙齿暗黄，那你需要采取一些措施。当我们的牙齿看起来干净、健康时，我们本能地就会笑得更多。你的笑容再配上洁白、迷人的牙齿，就好像个人广告牌上的一束阳光。

处理白头发：不要害怕漂染头发。这同样适用于男人。但是，对于男人来说，头发里的一些白色有时会看起来比较有特点，原则就是：如果你身材健美，有着年轻的活力，那有白发也没有问题，甚至看起来比较有特点。如果你外在活力一般（或较差），白发只会显示着你正在逐渐变老。一位身材矮胖、有着白发的人慢慢走近办公室走廊，这个景象对他的职业发展并无益处。

注意细节：每天一起工作的同事们甚至会注意到非常小的细节。虽然不会说出来，但他们已经注意到了你的口气、体味、指甲、鞋等。即使是年轻人也会留意细节，据此做出评价。苹果还是安卓的手机，牛仔裤还是棉质裤，智能手表还是运动手表或是（可能是高仿）劳力士，还是说不戴手表，听轻音乐还是斯堪的纳维亚的电子朋克。人们会注意到所有事情。

男人需注意细节	女人需注意细节
修剪鼻毛、耳毛和眉毛。修剪指甲。	保持笔直姿势，头发多的女性习惯于前倾。
男人很少意识到口气或体味难闻的严重性。	发型和妆容要有吸引力，但不要过于浓艳或性感。香水味道要淡。做美甲。
衬衣里穿白色背心，致使白色背心部位的衬衣“突”出来。	着职业装，要有品位、合身，尽量减少配饰，要经过仔细挑选。时尚的鞋子，但不要过于时髦。
完美剪裁的西服，合身的休闲长裤和衬衫。裤子口袋里不要放硬币或钥匙。	说话声音要自信，用你的最低声调，冷静和稳定。
购买鞋子的时候不只看是否舒适。买既舒适又职业的鞋子，每天都要擦亮。	走路时要自信，不要过快，也不要拖拉。

当然，每个公司环境都有它独特的标准和规范，最重要的一点就是你的外形是表演的一部分，大家会观察你身上的每一点。这并不是说我们肤浅、不道德或戴着有色眼镜看人，这只是在说我们所有人都注意到了这些事情。你的目

标是要稍微与众不同，根据自己的外形特点。

当然你不想要特别突出，因为这看起来太显眼或太极端。个性固然好，但前提是要在你特定工作环境的界限内。

我们公司有一位实习生，每天都会到公司来，穿着衬衫、打着领带、裤子也明显经过了熨烫，鞋子擦得光亮等。我讨厌承认，但我们过去经常拿这一点善意地取笑他，因为我们的公司环境是比较随意。他工作努力、为人可靠，专心做好自己的工作。我们已经在讨论在他实习期结束后让他转为正式员工。是因为那条领带吗？不一定，但从某种程度上看是这样这，因为那条领带反映了我们了解他的所有其他优秀品质。

去年有一位实习生就是比较随意，不管是穿着，还是工作态度。实习期结束后，她就再也没来公司了，但我们现在还经常拿她脚踝处的文身开玩笑。

我看起来很胖吗

对于一些人来说，还有另一个残酷事实。当我们发胖，甚至只是有一点儿婴儿肥时，整个世界都会注意到。他们可能不会直接跟我们说，但当我们过度肥胖时，他们会以另外的方式告诉我们。即使是增加几磅的重量也会让人们对我们有不同的理解，做出不同的回应方式。问问保罗·摩尔斯（Paul Morse），一位 50 多岁的市场营销总监，就职于山姆公司。保罗走遍了美国，向快餐连锁店老板推销公司的营销软件系统。

保罗会经常在快餐店与这些老板见面，所以吃了很多不健康的食物。“很不幸，我是一个典型的反复节食者和健身者，我基本上有 40 磅的体重幅度，一般来说，我都是用至少一年的时间达到最高体重，然后有了减肥动力之后，用 6 个月的时间再减掉 40 磅。我能够保持一两年，但它还是会反复，重复上演这个周期。”

一年以来，保罗小心谨慎地记录自己每个月的销售额，仔细记录自己的体重，但他从来没有想到过这之间可能存在联系，直到几年前，他把销售数据转到了手机应用里，几小时之后又把体重转入了另一个应用。“刚开始时，就是出于好奇，因为我看这两组数据组成的曲线有些相似，但走向相反。”他说，“所以我决定回看一下记录，把过去几年的数据输入进去。”在他把前两年的历史数据输入到销售跟踪应用和体重跟踪应用后，他很惊讶地看到了这两者之间的联系。“真的是很震惊，两条曲线几乎是相反的。当我的体重上升时，销售额就会下降，反之亦然。”

很多次重复经历这个周期后，保罗开始注意到他的体重会影响人们对他的反应方式。“出于某些原因，人们确实在听‘大保罗’的笑话时更爱笑。”他站在第三方的视角谈论自己说，“但这是唯一的正面反应。”当“大保罗”出差与潜在客户见面时，人们经常会减少与他见面的机会，他不会像“瘦保罗”那样经常被介绍给不属于会议参加人员的人或被邀请参加晚上的社交活动。这种现象已经发生了很多年了，但直到他比较了那两条曲线之后，他才变得敏感起来。

胖或瘦，或是介于这两者之间，保罗都能够高效率地销售自己的营销系统。但体重确实为他制造了人际交往的障碍。你也会好奇还有其他什么障碍是保罗没有意识到的吗？哪些人际关系没有建立起来，哪些推荐没有送出，又错失了哪些机会？

这对他来说是一个比较敏感的话题，因为即使认识到了问题的存在，他也没有想过要改变这种周期模式，写这本书时，他正处于“大保罗”阶段。男人和女人同样对外形没有安全感，而男人只是更善于把这种不安全感好好地包裹起来。虽然保罗是我见过的最具自信的人之一，但我确定“大保罗”正在经受着自信危机的痛苦，每次减/加周期之后，这种感觉会更糟。

体重增加和缺少活力会在以下三个方面上对我们产生不利影响：

- 我们缺少能量，思路不清晰。
- 他人不太容易接受我们。
- 我们的自信和自尊受到打击。

虽然不公平，但无法否认的事实是女性因体重所受到的影响要大于男性。男性可以超重 10 或 20 磅，用剪裁合身的西服就能掩盖。（偏胖男士在阅读到此处时要清楚：我们还是会注意到，超重还是会影响我们对你的看法。）对于女性，即使是稍微增加一点儿体重都能影响他人对她们的看法以及他人对待她们的方式。

“自从我生完两个孩子之后，我就一直无法减去怀孕时增加的体重，五年了，我已经习惯了。我认为这是‘全新的自己’，我从来没有注意到人们对待我的方式有什么不同。” 升阳软件系统股份有限公司的市场总监芭芭拉·克恩（Barbara Kern）说，“但自从我认真节食和锻炼之后，我恢复了没有生孩子之前的体重，我可以肯定地说人们对待我的方式确实不同了。很奇怪。他们更喜欢我的想法了，也很少打断我。对于我讲的笑话，也更爱笑了。并且能快速回应我的要求。”

这不是一本关于减肥的书，又或是节食、锻炼。它讲述了与我们职业发展相关的残酷事实，也就是：如果体重超重，你就会付出相应代价。可能比你想象得还要多。

如果你认为自己要努力减肥，不管是减几磅还是更多，请访问 workplacepoker.com/weight-loss/网站。

社交媒体：先进人，再扩展

你的网上社交档案是一项越来越重要的自我推荐来源，而很多职场专业人士却没有充分利用这个手段。领英是职场人士最常用的社交媒体网站。作为一个筛选过程，很多雇主都会浏览候选人的领英档案，了解他们的教育和工作背景、技能、签注、推荐、专业关系等。领英档案是一个强有力的个人品牌工具，与简历传达出同样的信息，但它更全面地展示了你作为专业人士的一面。领英大多数用于工作上的联系，而 Facebook 则侧重社交目的，它也可以帮助人们与他人建立联系，以达到扩大职业社交网的目的。

看到别人夸大他们的领英档案，或者让你几乎不认识的人在他们的 Facebook 主页上过度分享，这些可能会让你很反感，但这就是我们生活的世界。个人博客、推特交流版、汤博乐……举起双手，大声说“不适合我！”，这很容易，但不仔细思考自己的网上社交媒体活动，其后果很容易伤害到你的事业心。

巴里·波斯特姆（Barry Postrum）三十多岁，是曼哈顿健身俱乐部的经理，有着非常漂亮、专业的领英档案，档案突出了他所接受的正规教育和对健康、营养和健美的热情。他会定期更新档案和文章，分享减肥和保持身心健康的技巧和建议。巴里鼓励俱乐部里的成员用领英跟他保持联系，很多人也这么做了。巴里把领英主页看作工作上的社交媒体，而 Facebook 则多用于私人生活。当然会有一些成员在这两个上都是巴里的好友，特别是那些他交往过的。

这个本不是什么问题，直到巴里想跳槽到另一家健身俱乐部。新的俱乐部位于特里贝克地区，针对的是高层次客户，这个管理职位对巴里来说将是很大的一步提升：高薪水、职业长期发展的潜力大，而且有机会认识一些名人和富豪。与总经理的第一次面试进展非常顺利。事实上，总经理甚至还提到了巴里领英里的一些文章，希望他能把自己的写作能力应用到给客户发送的电子快讯上。

然后……就没有然后了。后续的见面安排被取消了，原因是“日程安排问题”，之后也没有再重新安排。总经理没有接巴里的电话。这是他经历的最奇怪的事情。几周过去了，一个月后，巴里听说新的经理已经聘请到了。

几个月后，巴里跟我叙述了事情的经过。“你知道他们聘请的新经理的名字吗？”我问。巴里告诉了我这位经理的名字，我们在谷歌上查了一下。他在健康与健身方面也有很资深的背景，与巴里的类似。我们查了他的领英资料，也差不多。而他的 Facebook 主页上展示了很多在健身俱乐部里与客户的自拍照，照片里的客户笑得都很开心，所以我决定看一下巴里的脸书，故事开始变得……有趣了。

巴里有很多个人的自拍照，都是在俱乐部和更衣室里的摆拍。更衣室里的照片当然不是裸照，但大多数照片在我看来都是 R 级别了。还有一些客户健身时的照片，从照片中看不出来客户是否知道自己被拍，俱乐部成员的一些回复绝对属于限制级，而且之前约会过的俱乐部成员显然不再是“巴里迷”了。例如：

- “照片不错。你的照片一定是 PS 过了，否则就是从我们约会开始一切都改变了。”
- “我本想跟你解除好友，但是这些下流照片真是能让我开怀大笑。”
- “我已经看过你不穿衣服时的样子了，传一些更衣室里的其他男人的照片呗？”

这些及其他评论展示了巴里生活的另一面。而令我惊讶的是，当我们坐在星巴克，浏览他脸书上的照片和朋友评论时，他基本都是笑着的。似乎还感到很自豪，以一种奇怪的方式。我问他，前女友们还会给他略显刻薄的评论时，为什么不与她们解除好友关系，或者至少删除这些评论？

“不知道啊，我不在乎公开这些隐私。而且，这也与他人无关。”

真的吗？他真的这样说的？是的！

“如果潜在雇主看到这些照片和评论，”我问他，“他们会怎么想？”

他耸耸肩说：“我不知道。”

巴里承认，面向高层客户的健身俱乐部并不能接受自己员工约会其会员、在更衣室里拍照（即使是个人的自拍照）、贴出一些会员在笨拙地锻炼时的“搞笑”照片等这类事情。但他还是，还是不明白。

“这根本不关他们的事情，这就是给我朋友看的。”他说。

“对你‘怀恨在心’的前女友们，很显然。”

“这个嘛，算是吧。”

巴里已经无可救药了，所以我不再跟他讲道理了。但你不一样。很多人会把脸书看作私人空间而领英作为专业空间，对于这一点，我完全理解。但如果你是认真对待职业发展这件事，那你肯定无法承担那样想所带来的后果。

思维转变：互联网上的所有事情都是职场自我推销的一部分。

越来越多的雇主会浏览候选人的互联网档案，所以你一定要了解如何利用社交媒体将你的才能、经验、知识和职业目标全方位地展示给潜在雇主。另外，你还要想到自己现任雇主和同事也会访问你的网上档案，至少偶尔会这么做。他们在网上所看到的也会对你的职业发展目标产生正面或负面的影响。

职业社交媒体的自我检查行动

将你的名字输入谷歌和其他主要搜索引擎，看看前三页里都会出现什么内容。如果有存在问题的事情出现，一定要立刻删除它，如果你有权限的话。如果没有，立刻请求有权限的人进行操作。

防止外部人士接触到你的社交媒体联系人。领英和脸书都可以对你的联系人进行隐私设置，其他人没有权限看到他们。现在就做。如果你计划将 Facebook 用于私人社交圈，领英用于职场社交圈（很多人都这样做的），那么你需要调整脸书里的隐私设置，防止非好友看到里边的内容（警告：这不是万无一失的，所以你仍需要注意你和好友贴出的内容。）

在自己的社交媒体账户里，浏览过去三年里发布的所有内容，将当前或潜在雇主会认为不恰当的内容删除掉。输入你的 Facebook ID 或用户名，查看自己 Facebook 档案里有哪些内容是公开的。

确保大部分的社交档案照片都是比较专业的，其他的照片也都能反映你积极向上的一面。

在领英里，找到你职场里的“竞争者”，浏览他们的档案。这些人指的是你的老板，最有才能的同事等。然后搜索其他公司里具有与你类似职位或你期望职位的人，从他们那汲取灵感，然后应用到你自己的档案中。

确保领英档案里全面描述了你出色完成的工作，特别要强调关键项目的正面商业影响力等。

在你感觉自己领英档案已完美无瑕之后，将好友申请发送给公司里的所有同事、你的老板和其他主要领导者。

构建关系网。在领英里加入相关的圈子，联络关键客户以及公司内外的同事，从而达到扩展交际圈子的目的。

如果出于某些原因，你在网上自我搜索时出现了负面影响较大的内容，你又无法删除时，采取相应措施，将负面影响最小化。你也应该知道，即使删除了一些内容，但它们实际并没有消失。虚拟档案馆（缓存）收藏了所有在网络中贴出的内容，而这些源地址不会在平常的网页搜索中出现，但你要知道它们是确实存在的，这一点很重要。

对于无法删除的负面信息（甚至是你已经删除的内容），你的最佳回应方式就是在不同的平台上加入足够多的关于自己的正面信息，这样有人在搜索你时，所有的负面信息就会被排到链接的第四页以后的位置了。

卡拉·史莱克（Karla Schleck）与男友分手时不欢而散，她称男友为“查尔斯·曼森（Charles Manson）、萨达姆·侯赛因（Saddam Hussein）和汉尼拔·莱克特（Hannibal Lecter）的杂种”。卡拉前男友是很有魅力的一个男人，也非常熟悉网络技术，在他们分手之后，他开始在网上贴出关于卡拉的一些难堪的照片和评论，从她不讲究个人卫生到道德有问题等。最终她申请了限制令，他被迫删除了所有内容，但留下的内容也足够让她反感了，一想到有人在网上搜索过她的名字，她就有一种受到惊吓的感觉。（请注意，由于她的要求，我在故事中没有采用真名。她不想让本书的读者读到这里时突发奇想，在网上搜索关于她的一些负面信息。）

她竭尽所能删除了所有令人诟病的照片和其他内容，然后开始采取增加正面内容的手段。她可以获得自己名字的网址，利用博客系统开了一个关于个人爱好的博客。这个很容易，她还确保博客里每页内容和帖子都至少一次提到自己的名字。她更新了领英和 Facebook 的档案，增加了自己名字的次数。她又创建了新的谷歌和推特档案，同样反复提到了自己名字。她找到网络上的其他领域，也增加了自己的名字，不到半年，用搜索引擎搜索她的名字时，前三页里出现都是正面（或中性）信息。这不是一个完美的解决方式，但却是她保护自己职业声誉的最佳方式。

写博客和发推特——你真的有话要说吗

尽管我很喜欢利用社交媒体作为职场中自我推销的一种方式，但让我们先暂停一下。当涉及创建“个人品牌”和成为“思想领导者”这两个问题时，当然，很多职业指导咨询师也建议你那样做，你首先要提出和回答几个最基本的问题。

在你的领域中你是否真的是一名思想领导者？你是否知识渊博、见多识广，或者至少有与众不同的专业技能？

如果你不能如实并且大声自信地回答“是！”那在与专业领域里的其他人分享你思想领导者地位之前，你就必须先做一些功课了。首先是成为所属领域里的资深专家，不要只是了解完成工作的那些知识，也要知道如何帮助他人出色完成工作；然后再在博客、推特上发表以及公开谈论关于这个主题的内容。

利用博客帖子和推特大肆宣扬个人平庸的评论、世俗的意见或是抄袭的观点，没有什么比这种方式更能伤害个人专业“品牌”的了。但这并不是说你必须等到眼睛里充满智慧光芒的时候才发信息，你可以先从转载他人的内容开始。如果你深入研究某一特定主题时，你很可能每天都会阅读（线上或线下）这个领域的内容。当你逐渐熟悉各种网站、博客和其他资源时，你就可以利用它们接受更深入的教育。潜移默化中你就成为了一名管理者，能够快速辨别某一特定文章或博客是否具有独特价值的内容，如果没有，你可以删除。

如果你想定期发博客或推特来建立自己的专业品牌，最好从分享他人文章开始，但要进行筛选。慢慢地，你就可以形成自己的专业知识和独到见解，在你找到自己的“声音”之后，就可以开始分享了。一步一步来。很少有人，当然也包括你，会像我们自己想的那样具有深刻或深入的见解。我们很容易地爱上自己的想法。所以，时刻提醒自己，发博客和推特的最终目的是要促进职业发展，如果不是，那它们就成了多此一举的事情了。

过度推销的危害

少数人会很自如地在工作中推销自己，也许你就是其中一个。很好！但你需要仔细思考自己到底应该如何突出个人贡献。因为如果工作中的每个人都把你看作“自吹自擂的人”，他们会倾向于忽视你说的话，也许还会在背后议论你。当我们听到有人在吹捧自己时，大多数人的内心都会感到畏惧。从自我推销的角度看，可能发生的最坏的事情就是大家都认为你对自己低质量的工作进行过度包装，或是剥夺他人的劳动成果。

克莱德·巴尔内斯（Clyde Barnes）在沃顿商学院学习市场营销专业的MBA，毕业之后应聘进入了《财富》五百强公司的领导精英培训项目。克莱德用两年的时间到四个业务部门工作，每个部门待6个月，因为在正式接任领导职位之前他要了解整个公司的运行情况。这是一个难得的机会，克莱德也决定要充分利用它。在四个任务中，克莱德要确保自己能够承担大型项目以突出自己的领导能力。他没有直接下属，但希望用自己不太成熟的领导技能带动由不同部门员工组成的矩阵式团队。

每个任务结束时，克莱德需要对自己的关键项目及其商业影响力做总结汇报。他用了好几天的时间做 PPT，对自己的每一个展示都信心十足。在最后一项任务结束时，克莱德特别期望能够在某一个业务部门承担职业早期的领导者角色。

但是，克莱德连一份固定职位都没有得到，而且 HR 专员也没有明确给他反馈。市场情况不佳、公司合同问题、预算被削减、在这四个部门里没有适合他能力的职位，诸如此类。克莱德没有听到几位同事对他的直接反馈。有一些评论是：

"他没有明白，这不是关于他的事情，而是整个公司。"

"他只在乎自己的项目是否运行正常，在他的重点事情之外，团队还要承担其他很多职责，他并不关心这一点。"

"我不记得他有做过什么事情了，他只是在指挥别人做，然后把漂亮的 PPT 组合在一起，就成了他的工作成果。"

"他确实很聪明，但我讨厌与他合作。他特别喜欢命令别人。"

很明显，这是关于过度自我推销的例子。普通经验和心理研究都显示，能力出色、为人谦虚才是吸引他人的魅力所在。但唐纳德·特朗普式的过度自信和自我推销对于大多数人来说都很讨厌，特别是当这个人没有真才实学时。

推销自己，但不要表现得像自我推销者。

那么，在不表现出你是在推销自己工作的前提下，如何自信地推销自己的出色工作？这是个难题，除非你有解决这个问题的技能和策略，否则它定会在你的职业生涯中产生负面影响。这种影响很微妙，甚至你都看不到它的存在。

你并不是唯一的表演者

梅根·波斯特拉姆（Megan Postram）学习非常努力，在学校保持了 4.0 的 GPA，在社会工作中也很活跃，是一名社区志愿者，同时也在受虐女性庇护所做兼职。她学的是会计专业，毕业之后却没有立刻得到工作机会，而有同样学位但不如她努力或付出的舍友却很快拿到了两个不错的工作邀请。这让梅根很失望。即使她最后拿到了自我感觉不错的会计职位，但她还是摆脱不了那种觉得事情不正确或不公平的感觉。几年之后，她已完全忘记了这件事，直到偶然间重新联系上了那位大学舍友。坐在前舍友的公寓里，羡慕着房间里的家具，喝了几杯之后，朋友提到了最近一次升职和即将来临的其他机会，那种不公平感又开始缠绕在梅根的心头。梅根的工作不错，但公司里的职业发展空间却不大。

还在学校时，梅根有些不情愿，或许是有些嫉妒，去问舍友她是如何拿到那份工作的。但几年后，边喝酒边回忆大学时光，她终于能够说出自己心中的疑问了。

“我不想冒犯你，但是坦白讲，以你在大学的成绩还有就是一半时间都用来参加各种聚会的情况下，你是如何拿到这样好的工作？”梅根问道，“你认识什么人？还是……”

“还是和谁上床了？”朋友笑着说出了梅根没有说完的话，“不是，事情并非如此。可能我比较幸运吧。但他们确实喜欢我的简历。你想看吗？”

朋友走到柜子前，抽出了一个活页夹，这是她专门为面试准备的。这个活页夹里包含了一些塑造她生活的关键成就和活动。其中有一张是她 11 岁时作为女童子军挨家挨户卖饼干的照片；还有一张表格详细记录了 4 年里饼干的销售量；有一张高中游泳队颁发的获奖证书；来自国际象棋俱乐部的绶带；在大学里她完成的几个关键项目的证明材料、成绩单，以及来自几位教授的证明书和推荐信。梅根还注意到了几封说服力超强的证明书上的署名，而在这几位教授的课上，舍友的成绩一般；她甚至还附上了职业测评结果和几份心理特性档案。

“哇哦。”梅根说，想想自己当时面试时就只拿了几张成绩单和推荐信，很薄的一个活页夹。“要是我，我也会聘请你。”前舍友在向潜在雇主推销自己时做得非常出色。“简直太优秀了，你当时为什么没有给我看？”

“嗯，我也不想冒犯你，我知道我们是竞争者的关系。如果我 PK‘4.0’梅根，我们过去常常这么称呼你，我就得充分利用每个优势。这就是为什么我一开始就把所有的事情组合在了一起。”

梅根并没有介意，因为这是很多年前的事情了，或者是因为酒劲上头了，但她上了一堂非常重要的关于自我推销的课。不推销自己所带来的负面影响通常是不可见的。如果她的朋友没有分享自己活页夹里的细节，梅根可能一无所获，只是感觉在很多年前大学毕业找工作的过程中自己运气差而已。梅根还认清了一个残酷现实——现代就业的竞争本质。我们不能认为总是会有团队运动，因为其他人，甚至是我们非常喜欢以及非常喜欢我们的人，有时都会具有竞争意识，特别是在涉及工作机会、升职和奖金时。

事业爬升并非属于团队运动。

不要反感自我推销，最成功的职业攀登者认为这是经营生活必不可少的部分。即使成功在商业世界里一般是一项团队运动，但获得个人应得的认可是你必须争取的事情。这就意味着记录和收集你的工作案例，同时保证主要领导者意识到你的个人贡献。不要期望你的工作价值会自己说话，不要害怕为你收到的任何个人认可"做广告"，只要你以低调和磊落的方式完成。

建立工作业绩档案

梅根的故事强调了展示个人工作的强大力量，而不要仅仅口头叙述。建立和定期更新工作业绩档案应该是每位职场人士的一贯做法。

保罗·沃尔曼（Paul Walthman）是汽车行业里的一位高管，他经历了市场中的起起伏伏之后还是获得了一份发展迅速的职业。他有一本 4 英尺（1 英尺=0.3 米）厚的"超级档案"，包含了工作案例、奖励、推荐信、证书、成功案例（带有证明材料）、年度业绩考核结果、志愿者活动、表扬信等。从这份超级档案中，他可以抽出与自我推荐的具体目标最相关的资料。

"当我把自己介绍给新老板时，我就利用了这份档案里的一些内容，在我们公司里，这很常见。或者，当我面试外部或内部的新职位时。"首先，他会确定自己想要突出的技能和能力，然后再从超级档案中把能最有效证明那些技能的活页抽出来。"这些年来，我参加了很多发展领导力的课程，当然我在档案里也加入了那些课程的列表。但真正吸引他们的是我作为水下搜救团队队长的证明，我还附上了一张团队照片以及当地警察局局长写给我们的表扬信。"

保罗把超级档案中的每页都贴了张便利贴，标明了与具体内容相关的能力或技能。例如，水下搜救团队照片和表扬信上贴的便利贴写着领导力、团队合作、志愿服务和个人能量。最后一个因素——个人能量，是在保罗 50 岁的时候加上的，因为他知道在很多情况下自己会与更年轻的男人和女人竞争。如果是这样的话，他想要突出自己的健康和耐力水平，而不是谈论它。

所以，时机到来时，他会抽出相关的活页，暂时撕下便利贴，然后将这些活页放到文件夹或者活页夹里。如果他仅仅是把自己介绍给新老板，他可能只会拿两三页纸放到文件夹里，那只是说明自己的相关背景和成就。如果他真的面试一份工作，他当然会利用超级档案里的更多活页，并将它们放到皮质活页夹里。

工作业绩档案对于面试来说是一项强有力的工具，其中的一个原因就是雇主对求职者在简历上写的内容总是持怀疑态度。求职者简历上写的误导性信息是招聘人员最反感的事情之一。而一个工作业绩档案就可以消除他们的疑虑，因为它可以直接提供证明，而非只是说说。

不管你是刚刚毕业开始寻找第一份工作，还是处于职场中的最后十年，建立工作业绩档案应该成为一项标准做法。即使你在面试过程中不会用到这份档案，但收集和记录这些信息的过程也能够增加你的职业信心。在你的工作业绩超级档案中，你可以加入以下内容：

- 关键/特有的成就/成功案例/故事的证明材料。
- 项目总结报告。
- 工作案例和报告。
- 绩效评估。
- 成绩单、学位证、执照和资格证书。
- 奖励和荣誉、推荐信、表扬信和证明信。
- 志愿/社区服务。
- 专业会员和拓展活动。
- 个人信息和/或爱好——与专业能力相关的。（也就是说，如果你的故事有趣并且能够说明你的才能和特殊能力等，那可以加入相关的童年照片。）

工作业绩档案里应该有实物和信息两部分，证明你的成就和职业发展，充分讲述你为什么是所求职位的最佳人选。重点应该放在技能、能力和成就上，直接与雇用公司的明确需求相挂钩。

掌握白色书写板

我与营销团队的人一起坐在会议室里，他们正在讨论这本书的“价值问题”。因为这本书包含了很多建议、策略、想法和案例，房间里的人们各执一词。大家好像一直都在不同的圈子里说话，每个人都会贡献出非常好的想法和见解，但没有人真的说中这本书的核心价值。突然，一位年轻的女性站了起来，走到白板前。她是刚来的，所以我对她还不是很熟悉。她是一名营销助理，这次主要是做会议记录。“我试着弄清楚所有这一切。”她说。然后她画了以下图解，基本抓住了会议室里所有人的想法：

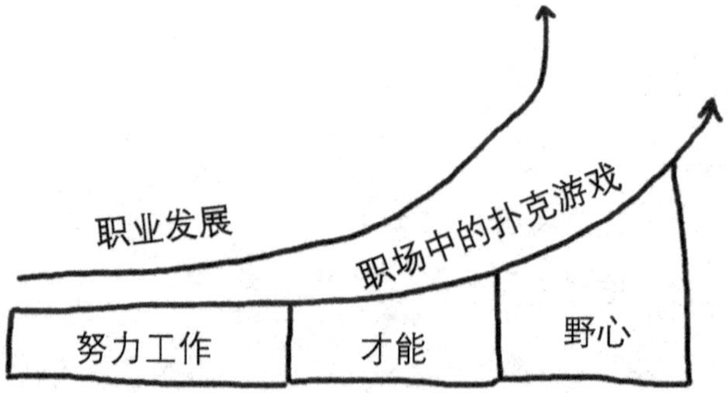

“我们都想让自己的职业快速发展。”她说，“而我们成功的基础永远都是努力工作、才能和野心。除了这个基础以外，职场中的扑克游戏可以帮助我们加速职业发展，这种速度以及所达到的高度要比原本的更快、更高。”

我们所有人都坐在那儿，仔细思考着她画的画儿，面面相觑、哑口无言，我们知道她成功了，成功地抓住了核心。但在这一刻最重要的事情是，没有任何（明显的）自我推销，这位年轻的女士就为这场讨论增加了价值，有效地推动了我们向下进行。

如果你仔细思考了她的行为，那你会发现这种自我推销几乎是无形的，但却很有力量。首先，仅仅是站起来，走到白板前这一行动就基本抓住了在座所有人的注意力。然后，用视觉的方式总结了这场讨论，让每个人都知道了她积极地参与其中，从战略的角度思考问题，而不只是在记录所有的好想法。我们不再只将她看作营销助理，而是这场讨论的重要贡献者。

出色的白板交流的本质就是把复杂问题、思考过程或想法以及你所表达的信息的核心用简单线条表现出来。在 PPT、YouTube 视频和数码照片主宰的时代，我们早已忘记了手绘线条图（不是屏幕上的动画）的强大力量。

但这种力量从未消失。因为它很少被使用，所以把它加入自我推销技能库，它具有非常大的潜力。它和技能库里的其他有效武器一样，你要谨慎使用。如果一个想法没有在你的头脑中成形，那不要在团队前尝试使用“白板头脑风暴”法，除非他们有明确要求。

我自己也会随意在白板上做头脑风暴，当然是私下里，但这个过程通常都很乱，而且很耗时，所以强迫他人使用这种方式不会给我带来任何好处。当你利用白板来增加自己的专业声誉时，首先确保头脑中形成了清晰的信息和具体的图形。理想的情况是你一边进行说明一边画图，解释你的想法，而不是在画的过程中缕清自己的思路。如果使用得当，白板法就为自我推销提供了不错的机会，但其本身并不是自我推销。

保罗·沃特福德（Paul Watford）是中西部（Midwest）制造公司新上任的市场营销部负责人。在全体员工的年度大会上，他计划向全公司介绍自己，同时提出自己对未来一年销售/市场的愿景。他在这个公司待了不到 3 个月，他的团队整合了过去几年中相关方面的所有指标和数据，非常具有代表性，同时准备了相应幻灯片，用以强调他所表达的信息。

“他们整合的资料恰到好处，完全符合我的期望。”几个月后他告诉我说，“问题就在于此。这完全是他们所期望的。”

所以，保罗决定在自己的陈述中，放弃使用幻灯片（市场部的人大吃一惊），也不再提前给大家阅读材料了（公关部的人大吃一惊）；他唯一需要的就是活动挂图，几支马克笔，一台录像机，确保每个人都能从大屏幕上看到他在活动挂图上写的内容。

在他的陈述中，保罗描述了不同的商业力量，它们将公司的注意力和资源拉向了不同的方向。他强调了新规则和满足在技术安全方面提高资金投入需求而产生的系统成本。他的核心思想就是加大在新产品、新市场和提高销售效率三方面的投入，以中和与日俱增的成本。在他说话的过程中，保罗用以下图解做了说明。

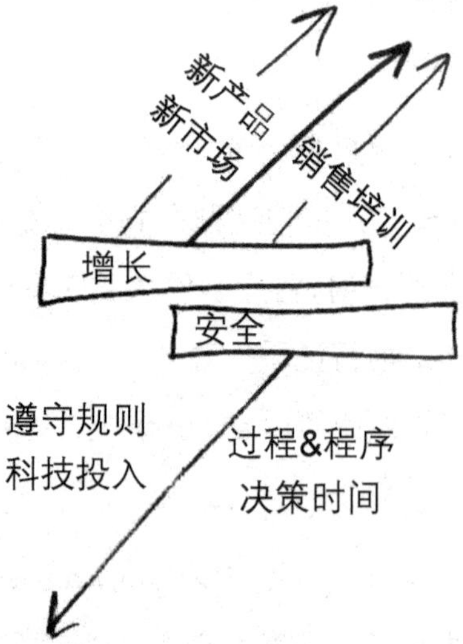

营销团队为他整合的所有重要数据他都融入了这场陈述中，但他没有采用

机械阅读屏幕上幻灯片的方式展示。他了解这些数字，可以流利地说出它们。他提供了很多细节和指标，在另一张活动挂图上写下了最重要的数字。他的整场陈述都很少用到科技手段，非常随意，就像在晚餐桌上和朋友之间的聊天。反馈很有趣。每年公司都会发放会后调查问卷，以下是一些评论，我没有做任何改动：

“真不敢相信他才来公司 3 个月，感觉他非常了解我们公司。”

“这是第一个我全程保持清醒的展示。”

“我在公司工作了很长时间，但他开阔了我的视野，让我看到了一些新想法。”

“干得漂亮！他应该是 CEO。”

关于保罗展示的实际内容，其实也没有特别新颖或惊天动地，但与典型的幻灯片相比，他的展示方式确实产生了更大影响。

调查研究和常识都告诉我们，概念如果用图表（图片、图解或图画）而不只是口头表达的方式展示，人们更容易记住。这也是 PPT 受欢迎的原因之一。但白板产生的影响要比 PPT 大。

如果你对沟通有独到见解，那用白板表达出来。

在最近进行的一系列实验中，斯坦福大学商学院的扎卡里·托马拉（Zakary Tormala）教授测试了白板的潜在视觉效果与传统 PPT 手段之间的差异。研究目的是要确定白板方式是否能够提高展示效果。

托马拉发现了一组数据上的显著差异，明显倾向于白板方式。

- 投入性——在白板上画图时，人们的关注度会随之提高。

- 可靠性——人们更倾向于认为白板创作者具有所展示想法的“所有权”。
- 回忆性——人们更倾向于记住展示的内容。

但我并不是在暗示说我们不应该使用幻灯片，但涉及自我推销时，白板方式是将自己与同级人区分开的绝佳机会。

那么，为什么很多人不愿意使用白板？在会议中很少有人能够勇敢地站起来、走向前、拿起马克笔。而且在会议展示中，PPT是一种非常便捷的方式。

我们喜欢用PPT，因为那些所有重点句都能够让我们的展示保持在正轨上运行。我们不必担心自己忘词，当不确定时直接点击换下一张幻灯片就可以了。即使我们口头表述不是很清晰，观众仍可以明白我们的意思，因为所有内容都在屏幕上显示。但我想问你……如果所有内容都在屏幕上显示了，那你的职责是什么？幻灯片阅读器？

当有人在陈述过程中展示了一堆写满内容的PPT时，你应该知道自己会如何反应。大脑的一部分会进入休眠状态，你的阅读速度甚至比陈述者读的速度还要快，所以陈述过程总感觉很慢。

白板方式运用起来要更难。它要求你清楚了解陈述的整个过程，并且将陈述内容整合成一个有趣的故事。这就是自我推销的机会。因为白板方式更具挑战性，是一种不太常见的方式。所以，它能够将熟练使用白板方式的人与其他人区分开来。

无法摆脱PPT

出于某些原因，公司要求在展示过程中使用PPT，或者你就是无法改变使用幻灯片和重点句的习惯，有以下方式可以避免观众在整个过程中无聊。你仍然可以将自己与其他 PPT“迷恋者”区别开来，如果：

- 每张幻灯片上只使用一张具有强烈冲击力的图片，以强调你所表达的信息。
- 提前准备一张白板类型的图画，将其贴在幻灯片上。
- 每张幻灯片上只放一个具有挑战性的问题。

如果你必须使用大段文字资料，一定要保持简洁。整合你的信息，而不是所有内容。

如果你想让他们了解——试着告诉他们

尽管工作档案、白板、博客和推特是一些非常有趣的方式，但最重要的自我推销活动却是那些更为基本的。直接告诉他们你想让他们知道的内容。

从最基本的层面上看，我们需要告诉老板们（以及其他会对我们职业发展有影响的人）我们正在做的事情以及最终结果。这与夸夸其谈没有任何关系，我们只是在叙述事实。

非常多的管理人员（数量超乎我们的想象，最近的调查问卷显示至少有 60%）不知道自己员工所做的具体工作以及这些工作产生的最终影响。以下我们介绍了一些你可以采用的具体策略，确保正确的人能够了解你对公司的贡献。

识别非正式的自我推销机会

最有效的自我推销机会通常不是那些正式的陈述或会议，而是非正式的日常交流互动。当你的老板或有影响力的人问你“最近如何？”或“事情进展得怎样？”大多数人都会回答“一般吧”或者“非常好”。但我们应该抓住机会，按以下方式回答：

“事情进展挺顺利。看到__________________________的进展，我们非常兴奋。”

或

“很好。我们现在正关注__________________________项目。有了很大的突破。”

或

“现在，我们正在做______________________________。你有时间回答一些简单问题吗？我们可以参考您在__________________上的观点。”

利用这些非正式的时刻来表达你的工作热情，根据你最近正在做的事情或项目，做一个简短的信息更新。如果时机恰当，问问他对项目某些具体方面的看法。

不要只问他对你工作的看法。这太明显了。确定工作的某些方面，另一个人的看法确实能够有助于工作向下进行。这不仅仅是一场自我推销游戏，而是真正地与领导互动，了解他或她的看法，同时也有助于让忙碌的领导认识你。

将正式的自我推销机会最大化

大多数公司都会定期安排对每位员工进行业绩评估。通常是年度评估，奖金的分配基本取决于这些评估结果。对于这些评估，大于 70%的员工采取被动方式，期望经理会在会议准备上投入最大的时间和精力。但经理需要完成很多员工业绩评估书面工作，经常因为这个负担而倍感压力，所以，他们不会在这项工作上浪费自己的精力，而是快速完成后直接进入下一任务了。

在会议之前，明确自己职业发展的具体目标。不要幻想讨论会顺利进行，如果你头脑里已经形成了具体内容，那得到理想结果的机会就更大。或许你想加入那场即将到来的领导力发展研讨会；或许你想要得到特定的奖金比；或许你想抓住下一次的升职机会；或许你想要经理将拓展项目交给你负责，为以后的升职做准备。但底线是如果你自己都不知道业绩评估的具体行动目标，那也不要期望经理会了解。

积极的事业攀登者不会把这些正式的业绩评估留给运气或让经理的能力或承诺决定他们的结果。至少利用以下列表来准备任何正式的业绩评估。

- 回顾自己一年以来的安排，看看每个重要事件、项目、任务等，列出每项已完成的重要任务（或者你参与过的），同时准备简洁的商业影响报告。
- 如果你已经建立了自己的工作业绩档案，正如我们之前建议的，拿出今年创建的活页，以突出你最重要的贡献。
- 简短描述你在公司的职业目标、当前优势以及发展需求，在这些方面上，你还有提高或学习的空间。
- 提前准备你要在讨论中提出的问题。例如，即使你会说出自己的看法，你还是应该请经理举出具体例子，来说明你的特殊优势以及发展机会，因为这是从经理的角度说的。
- 让经理知道你很看重这次反馈机会，把它看作职业发展计划中的重要组成部分。只做“分内之事”并且在准备过程中敷衍了事的员工也只能得到经理同样程度的付出。

- 如果你收到了中肯的业绩评估，保留原文件，考虑把它加入你的工作业绩档案中。

让他们看到你的汗水

一些人会低估自己的最大才能。因为某些特别的才能对他们来说是很自然的事情，但他们不了解的是其他人（不具备此能力的）可能会非常看重你已经习以为常的事情。

如果你做财务分析报告的速度高于其他人，并且质量高、见解独到，那你自然会对快速按要求做出财务分析报告有一种自豪感。但速度给你带来的负面影响就是，收到财务报告的人会认为这项任务对你来说相对容易（也许事实确实如此），从而低估了你所贡献的价值。

如果你是一名具有创造力的营销人员，客户要求你为他们的新产品推荐几个比较好的宣传推广想法。如果你在两小时内就拿出了创意，他们会理所当然地低估你的工作，即使你的想法真的很好，特别具有创新性，他们也会认为，至少下意识地会认为，几小时就能拿出这样的创意，这对你来说就是小菜一碟。再推一步，如果它不需要太多努力，这些想法自然也不会有多出色。即使它们真的很棒，那我们为什么付这么多钱只为你信手拈来之事？他们肯定不会直接说明，但你的办事速度确实会让他们有这样的感受。

我是在告诉你对于老板或客户高度重视的项目或任务，你要有意放慢速度吗？好吧，是的。这是商场中我所认识的一些最具才能、最具创新精神的人们心照不宣的小秘密。他们明白单凭好的想法或出色的工作远远不够。你必须在这个过程中加入“浪漫色彩”，让它看起来有难度、有挑战，同时也很考验人。然后，当你向客户、老板或同事展示自己的工作成果时，那种感觉就像乌云散去，一群天使在歌颂你那崇高的创造品。

但这样做是有前提的，你必须按时完成工作，而其他人可以依赖你，永远不要超期。但即使截止日期即将到来，你还是能够让他们看到你的汗水。

“我会在截止日期前三天给客户发一封邮件，让他们清楚我们正在全力以赴做项目，即使这个项目此时已经完成了。”一家创意公司的老板曾告诉我。他还提到，注意不要过分，因为客户（和老板）是很优秀的商业侦探。

不要让他们看到你流汗

如果你时间紧迫或者不确定以自己的能力是否能做出高质量的工作，那在这种情况下，不要为了让老板或客户看到你的辛苦而使这个过程“浪漫化”。永远不要让他们看到你此时的汗水。如果你在工作中与他人有非常严重的冲突，老板也被卷入其中，你要保持乐观、冷静，实事求是。再次强调，如果让他们看到你掺杂着愤怒和沮丧的情绪，你的个人品牌不会因此受益。

所以，根据不同情况，你可能会让事情比实际看起来更难、更具挑战性，也可能让它们看起来比实际更容易。随时留意哪种情况会最大限度地提高个人品牌效应。是的，这就是戏剧；是的，这就是游戏；是的，它可以不必以这种方式进行。但在职场扑克游戏中，要么拼全力去赢，要么干脆退出不玩。

帮助他人

如果老板会严格控制工作项目和任务，那你的个人效率以及按期/提前完成就显得非常重要了。如果你能以超出预期的速度做工作，也有更多的能力，有一种方式可以确保你将个人效率所带来的自我推销影响最大化。你可以对老板说：

“跟您汇报，我提前完成了________项目，所以我还能做些其他事情。您认为我可以协助谁工作？”

注意，这里的关键不是你乐于帮助同事，而是确保老板了解到你的额外能力，同时看到了你能将自身能力放在他建议的方面上。

即使你处于一个相对独立的工作环境，在决定帮助他人完成某个项目时，你应该对老板提及此事。例如：

“我想帮助堂娜（Donna）做梅费尔项目，想先征求一下您的意见，以防您有其他需要先完成的重要项目，或需要人手帮忙。”

这应该是你真心想问的问题，因为你确实需要反馈，同时确保老板意识到你的“额外”活动。仅仅投入时间和精力是不够的，必须让正确的人了解到。

推销他人

当你了解到有人虽然工作出色，但不愿自我展示时，你可以帮助他们。要以真诚、大度的方式去做，不要有任何明显为自己争取认可的痕迹。这样做可以为你赢得他人的好感，并且最大限度降低他人认为你是自我推荐者的可能性。

如果在一个项目中，你已经参与了很多工作，而且真正做出了很多有益贡献，那一定要多提到他人在这个项目里的努力。再次强调，要真诚表达对他人工作的欣赏。这样做自然而然产生的效果就是其他人也会强调你自己的贡献。

如果你尽力强调他人的出色工作，那自然会有强调你。在某一刻，他们会感觉有必要“报答”你的帮助。

但是，有时你也会注意到，有些人在工作中就是一名十足的“认可吸血鬼”。他们想要吸走所有可能的认可，不愿回报。一旦你知道哪些人属于这类人，永远不要给他们哪怕是一丁点儿的认可。

我们很容易因自我推销这个概念而倍感压力，特别是在你不善于做这件事时。当你开始把某些想法和思想付诸实践时，当你看到好的结果时，希望你不仅仅会认可自我推荐的价值，而且还要真正喜欢这场表演。这是最重要的变化，不仅仅是一项必要的事件，而且要真正喜欢职业发展中的戏剧因素。这才能最大限度地加速职业发展。

开始思考

- 自我推销是职业发展计划中一个重要因素，你对这种看法的接受程度如何?
- 在突出和推销自我贡献在工作中的价值这一方面，你的效率如何?
- 在激发你对成功事业推销方面的热情上，你能够做什么来调整自己的思维模式，并且“真正喜欢上这场表演”？

- 你是否由于过快或看起来过于容易完成工作而将自己的想法或其他工作的价值次优化了？在未来，你可以做些什么来改变这种情况（在不损害个人品牌的前提下）？

尽快行动

- 抓住每一个机会帮助他人，要稍微超出他们的预期。如果机会没有出现，要主动寻找机会。
- 如果你有机会，表达自己对他人工作的欣赏。养成这样的习惯，而不只是一次性的——完成、忘记。
- 咨询你所信任并且有品位和专业眼光的人（配偶、合作伙伴、朋友），让他们对你的工作形象（着装、装扮、言谈举止、习惯和体重）做出客观评价。所谓忠言逆耳。
- 按照以下步骤来完善你的社交媒体账号。这应该成为一项日常活动：按时更新社交媒体账号，提高其质量，留意它对你期望职位而非现有职位的影响。
- 开始建立工作业绩档案，随时根据情况进行更新。

首先，私下练习使用白板，然后在扩大到小组范围。无论何时，只要出现用图形方式总结某个想法的机会时，要么在笔记本上自己练习，要么就站起来走上前，拿起“力量的节杖”（马克笔）开始画图。

长期的想法和行动要点

- 很多人不能坦然接受有意自我推销的想法。
- 但在当今高度竞争的世界，你必须确保正确的人了解到你的所有出色工作。
- 你可以不留痕迹地进行自我推销。
- 不要认为职业攀登是一项团队运动。即使是工作中的“朋友”，有时也会有竞争心态。
- 创建工作业绩档案，使之与事业发展保持同步。
- 熟练掌握白板技能，用以突出你的最佳想法和贡献。
- 所有的社交媒体都是职业形象的一部分。先创建账号，再逐渐扩大范围。
- 如果你想人们了解你的能力和贡献，在非正式谈话中，用微妙、得体的方式告诉他们。
- 做好充分准备，将正式的业绩评估所产生的影响最大化。不要期望经理会做那些繁重的工作，那本是你的职责。
- 帮助和推销他人的工作。
- 在人们判断你能力的方式中，外在形象是一个很重要的因素，永远不要忽视这个事实。也许不公平，但事实确实如此。

第7章

幸运的"万人迷"

你知什么是魅力：一种无须明确提问就能得到肯定答复的方式。

——阿尔伯特·加缪（Albert Camus）

讨人喜欢与想要被喜欢并不相同。太过努力或太过刻意地想要被他人喜欢可能会特别招人反感。有魅力不等同于诙谐、风趣或外向。事实上，一些最富魅力的人反倒相对安静，甚至有些腼腆。

这里存在一种矛盾，因为真正有魅力的人会关心、同情他人，但他们不会将精力过多放在担心他人对自己的看法上。这并不是说他们不在乎其他人对自己的看法。他们非常清楚哪些人喜欢他们，哪些人不喜欢他们。但这些情况不会造成他们焦虑。

受人喜爱就像色情魅力和可爱一样，很难定义。但当我们遇到时，大多数人都能感受到。

“我很讨人喜欢。”他说。

我组织过一次研讨会，其主题是高效的同事关系。团队正在讨论性格开朗的益处。话锋一转，大家开始讨论自我意识这个话题了。我要求每位参会者给自己的讨喜程度打分，范围从 1 到 5：

5. 地球上所有人都特别喜欢你。

4. 工作中大多数人都很喜欢你。

3. 讨人喜欢的程度基本能保证自己有效工作。

2. 不是特别招人喜欢，但与宠物相处还算融洽。

1. 人类（和宠物）会不惜一切代价躲避我。

根据我的经验，大多数人在这个（也许是开玩笑的，也许是认真的）范围内会给自己打 3 或 4 分。当研讨会上一位年轻女士说自己“足够招人喜欢”时，我看到有些同事翻动着眼球，脸上露出不屑的笑容，那些为自己打 3 分的人，其实际分数大概在 2.5，甚至更低。

如果你对当前职业发展状况及其未来发展潜力很满意，那么分数在“很讨人喜欢”和“足够讨人喜欢”之间就已经不错了。也许你会说：“这取决于与我共事的人。对于有些人来说，我的分数是 4.5；对于其他人来说，则没有这么高。”同样，如果你很满意自己的职业现状，那这个分数完全没有问题。

但我想你读这本书的目的就是要充分发挥自己的职业发展潜力，如果你是这种情况，那我只能说声抱歉，4 分还远远不够。“工作中大多数人都很喜欢你”，这种情况不会促使你的职业发展水平超出一般人。

你还记圣地亚哥的托尼吗？我在本书开篇时介绍过他。我提到的一件关于托尼的事情就是我一直认为自己是他在办公室里最喜欢的人之一，但后来我了解到其他很多人也有同样的感受。托尼不仅仅是讨人喜欢，他简直就是特别有魅力，还很风趣，有他在身边一直都很欢乐。而且不只是一些人喜欢他，几乎所有人都喜欢托尼。

托尼不使用办公室政治手段，起码不会公开使用。他知道办公室里所有“闹剧”——谁生谁的气了，谁跟谁上床了，谁值得或不值得信赖，谁有或没有能力，但他很少说人坏话。他似乎本能地只关注积极向上的一面。他也会生气、暴躁，但如果他针对某人发火时又会很快道歉。他有时会不怀好意的开玩笑，但知道何时缓和这种幽默。他工作出色，所以并非是一个不起眼的人。他可以按照大家期望的那样完成工作，这一点我们完全可以信任他，乐观的精神、幽默和友好就是加分项。

对于我个人而言，托尼把“招人喜爱”的标准设得太高了，我也确实看到了他待人热情的价值所在。但对于我来说，这远远不止决定在工作中变得更友善这么简单。

不仅要成为一名有价值的人，还要让其他人感受到他们同样是一名有价值的人。

我本身不是一个开朗、外向或风趣的人，特别是在办公室的时候。有人告诉我说，同事一直认为我头脑里总是在思考些重大问题，因为我经常眉头紧皱，面部表情还有些痛苦。我很容易因为某个对话而感到无聊，任由思绪飘到更有趣的事情上，即使对方一直喋喋不休。他们早晚会注意到这一点，对我的表现产生反感情绪。有人说，我是一个不容易接近的人，也不擅长聊天。而且我总是记不住人名——托尼记人名非常快，而且会经常直呼每个人的名，比如说“嗨，贝丝（Beth），下午过得怎么样？”或“查理（Charlie），你能跟进一下度量周报吗？”或“丹（Dan），昨晚你没能来我们都很遗憾，希望你下一次能参加。”你能了解吧！那个友好到讨厌的人！

我直接见证了托尼那种热情和讨人喜欢的性格是如何促进他的职业发展的。而且，富有魅力除了在工作中具有形价值外，几年来，我还看到了某些奇怪又无法解释的事情，真正富有魅力的人不仅仅是与他工作时感到愉快，而且他们似乎比其他人都更幸运。我很严肃地说，个人魅力和财富似乎存在着超自然的关系。当然，如果我们对人友好，他们也会对我们友好，这有时看起来似乎就是好运气。

我并不是说粗鲁的人就不会成功，他们自然会成功，特别是在他们天赋异禀或具有能够帮助公司的特殊知识时。史蒂夫·乔布斯（Steve Jobs）和安娜·温图尔（Anna Wintour）都是怪人，但仍然很成功，因为他们有独特的天赋和见解。但对于大多数人来说，如果他们认为自己具有某些特别少见的能力，所以无须对他人表示热情或友好，这不过是自欺欺人的想法罢了。

开始喜欢人，很多人。大部分人会同样喜欢你，也许更甚。

“我不善于与人打交道。事实上，只要是跟‘善于与人打交道的人’相反的性格，我都有，只是没那么友好。”PlayerTrak 系统的 CEO 赫布·勒特雷尔

（Herb Luttrell）说，PlayerTrak 系统是赌场行业里的一家营销公司。当时我和他正在共进午餐，想彼此熟悉一下，因为之后我要和他的整个管理团队进行一次战略策划会议，我是这次会议的引导。在会议开始前，我想了解一下赫布的领导风格。他快速吃着饭，我在这个过程中问了一些需要思考的问题，他一边咀嚼着食物一边回答，答案也简明扼要，吃完饭后他立刻站起来离开了。

很显然，他不是一个善于与人打交道的人。

下午的会议原本应该围绕着公司未来和不断变化的博彩行业动态这两方面进行讨论，大家彼此交换意见和看法，但实际上这成为了赫布的系列小演讲。他控制了每一次讨论，虽然团队里的每个人都面带笑容，但我很清楚会议室里根本不存在什么感情。

赫布聘请我引导一场团队成员全员参与并且有互动的讨论，但每次我努力把其中一个人拉出来表达自己的观点时，只要他们所说内容与赫布的想法相矛盾，激烈辩论肯定随之开始，而赫布永远是胜利的一方。

“他不是天才，但他真的很聪明。”几天后，PlayerTrak 的市场营销总监在一次私下的谈话中告诉我说，“他虽然表现得就像一个混蛋，但其他人拿他没办法，因为他对整个公司特别了解，比任何人都了解。他是我认识的人中业内人脉最广的。一份赌场度量报告，他能从中看到其他人看不到的内容。他能得到结果。”

而且，自从两年前公司聘请赫布出任 CEO 之后，公司每季度的增长至少是 8%。当你能够让公司年度增长达到 30%时，人们自然而然地就会原谅你性格中的粗鲁。在赫布的例子中，他真的是非常粗鲁。

甚至聘请他的董事都会对赫布的不文明感到反感。“当我们面试他的时候，他简直就是一名数据大师，举止不是特别有风度，”一位董事告诉我说，“但他至少有礼貌，待人还算友好。”赫布受聘成功后，他大部分“有礼貌，还算友好”的行为举止也逐渐消失了。

“赫布上任之后的 6 个月里，我们失去了一些非常优秀的职员。”另一位董事告诉我。但董事会知道，赫布正在全身心投入到扭转公司局面上，这可能会造成紧张氛围。当他展现给大家公司实际增长的结果时，仍在这里的工作的人们已经开始习惯他这种难相处的性格了，谁也不想打破现状。

如果你非常具有才能并且能够取得特别的成果，那人们自然会原谅（至少会忍受）你的粗鲁。但这也会给举止粗鲁的人在保持当前成绩的过程中带来很大压力，因为在他的工作没有任何成效的时候，没有人会忍受一个粗鲁的浑蛋。

一年后，我收到一封来自 PlayerTrak 公司市场营销总监的电子邮件，请我安排另一次年度策划会议。当我询问有关公司的最新情况时，我得到一个很简短的回答：“上两个季度，增长为零。赫布已经离开公司。”

事实证明，当赫布不再产生一流的增长数字之后，董事们也就不会继续忍受他的个性了（或者说是根本没有个性可言）。“随着增长逐渐变缓，情况也变得更糟。”一位董事后来告诉我说，“在巨大的压力下，他变得更粗鲁，甚至是粗暴。他开始在不请示我们的情况下，独自做决策，然后会大叫我们影响了他。董事会最终不得不让他离开。”

出于好奇，几个月后我给赫布·勒特雷尔打电话，约他出来共进午餐。当他说“可以”时，我挺惊讶。“没什么别的事情发生，”他提高了一点儿声调说，“你应该知道。”

但在讲述与赫布共进午餐的细节之前，我想先说些关于个人魅力在日常工作中的价值，也许是必需的想法。一些人似乎生来就具有与他人联系以及快速建立稳固关系的能力；其他人，例如赫布，则几乎没有能力去保持人与人之间友善相处的最基本水平。而大多数人处于这两种极端之间，但我们一定能学习新的技能和技巧来提高自身的魅力系数。

因为在当今的工作场所中，真正有魅力的人越来越稀少，利用你超人的人际技能和习惯，你有更大的机会将自己与其他人区分开来。

警告：虽然我们会关注于具体技能和技巧，但也要注意过于刻意地成为富有魅力的人其实一点儿魅力都没有。如果你经历过某位同事特别努力的“帮助你”以获得你的信任和信心，那你肯定了解这有多让人反感。我并不是说真正讨人喜欢的人不会在这方面努力，很多人确实很努力。但他们是以某种微妙的方式进行，根本感觉不到他们的刻意。所以努力成为讨人喜欢的人，但不要让他人看出你的努力，明白了吗？

你对人的真正感觉是什么？你应该问问自己这个问题，仔细思考答案。更具体地说，你对同事的真实感觉是什么？整体感觉是厌烦或失望，或是不信任他们，或是对他们有某种负面评价，如果这些都是你对他们的基本反应，那在提高自身魅力系数上你的难度会加大。但仍可以做到，如果你可以缓和对他人的负面评价，那你会得到更好的结果。

清楚看到他人的缺点，但不指责他人。

魅力十足的人们具有的共同特点之一就是他们能够看到我们，真的能够看到我们，而且我们经常会有一种感觉就是他们看到我们缺点的同时也看到了优点。但他们还是会喜欢我们，仍然觉得我们有趣，愿意花时间和我们在一起。这种独特的视角——在不指责他人的前提下看到对方的缺点，是真正富有魅力的人所具有的基本要素。

从很多方面来看，魅力其实很简单，它就是在不向他们索取或让他们尴尬的前提下，让人们知道你对他们感觉非常好的一种艺术。不管你是一家大公司的 CEO，还是刚开始第一份工作的应届生，你对他人所表现出的个人热情都会对你有益。它不仅可以提高职业发展的可能性，而且还会让整个过程变得非常有趣。

在你的工作或个人生活中是否存在特别富有魅力的人，不只是与你互动的时候，而是跟各种各样的人交往时？仅仅是更认真地观察这些人，你都能受益匪浅。你是否注意过，在和你说话时他们怎样和你进行眼神接触？不是那种诡异地盯着你看，而是当他们与你互动时，他们真的在与你互动。在你交流的过程中，他们不会分心或想其他事情。

所以，如果你专注于提高与人交往过程中的个人热情和魅力，首先，要客观地看待他人，然后认真地与他们互动，不要分心。

全身心投入意味着当你与他们说话时，暂时抛开所有其他事情。如果脑子里的其他事情让你分心，不能专心与他人交流，那你至少要道歉。“我很抱歉，自己一直表现得心不在焉。脑子里一直想着几件很具挑战性的事情，真的很难不去想。”即使在这样的基础上继续你们的谈话，至少你礼貌地告知了对方你的“不完全”投入。

接受他人的缺点，也是接受自己的。

富有魅力的人基本上都谦虚，而且能够接受自身缺点。这不是对于尴尬或羞愧的谦虚，而是一种谦卑的自信。如果你深陷于自身的不安全和不确定，那你很难给他人他们应得的坦诚和客观的尊重。

说起来容易，做起来难。我们是在要求你尊重他人，即使对方有很多缺点；谦卑地接受自己的缺点；与他人的互动过程中要全身心投入，不要分心。如果这不属于你的自然思考过程，那你需要一些时间、一些深入反思以及认真承诺来过渡。你很可能又开始指责他人或自己。当你这样做时，不要惩罚自己。深呼吸，笑一笑，随它而去，继续前进。

微笑、大笑、狂笑、窃笑。

有魅力的人可能不会讲笑话，但他们确实能够让我们开怀大笑，所以如果你的目标是要提高自身魅力，那你需要增强自身的幽默感。这可能很难，因为你要么天生具有幽默感，要么就没有。如果有，你基本上就能够知道。如果你怀疑“我到底有没有幽默感？”好吧，我想你应该已经有答案了。但这并不是说你就不能提高自己的幽默感，不过必须慎重。给没有幽默感的人讲喜剧技巧就像把一把上了膛的枪给了一个 6 岁的孩子。枪可能走火，混乱可能会发生，意料之外的损害可能会出现。

但快乐的幽默技巧是具有如此大的力量，值得我们冒险去培养自己的幽默感或提高自己已有的幽默能力。你想必已经了解到，逗人们笑或大笑（或者只是浅浅一笑）可以让他们放轻松，并且能够创造出一种有利于讨论和达成一致的氛围。不具幽默感的人们面对的困难是，他们可能想要变得更风趣、更富魅力，但他们在社交中表现出的害羞和紧张会让他们显得很笨拙、容易犯错、举止奇怪等。当他们刻意地表达幽默时，会让人觉得他们很可悲和有阿谀奉承的倾向。

所以，与其强迫自己违背本性，不如让自己自信、放松地表现出真正对他人感兴趣。你内在的魅力和机智自然会流露出来。有三条泛泛的原则你应该遵从。

- 将玩笑指向自己，而不是其他人。
- 保持纯洁。非常纯洁。掷地有声、闪闪发光。
- 拿各种情况和环境开玩笑，不要针对个人（除了你自己）。

当我告诉妻子，我准备在本章中给出几个关于幽默的建议时，她问我是否可以用代笔。

看到我怎样做的了没？这就是“喜剧黄金”。

鲍勃·门罗（Bob Monroe）是一位油田服务公司的中层经理，公司总部位于达拉斯，在得克萨斯州、北达科他州、加拿大的亚伯达都有基地。他天生就是一个思维缜密、严肃、勤奋的男人。在决策过程中习惯以任务为导向并且基于事实。在过去，他的一些下属称他为“冷血鲍勃”，因为他似乎没有感情，脸上的胡须又黑又厚，这让其他人更难读懂他的面部表情了。公司里一个高层领导的职位出现空缺，作为候选人，公司要求鲍勃完成高管培训项目，作为承担此角色的一个准备。

“坦白讲，刚开始时我对此有些反感。”他说，“我知道如何领导人，参加这个培训就是在浪费时间和金钱。但我想我必须参与这场游戏。为了能够成为一名高层领导，我参与了。”

在正式培训开始前，鲍勃按要求做了几个心理测试，而且教练也分别对鲍勃的同级、一些下属以及几个朋友和家人进行了电话访问。鲍勃不知道高管教练为什么要访问他的朋友或家人，但他还是同意了，并且提供了几个联系信息。当高管培训正式开始时，鲍勃开始变得急躁和焦虑，希望这个过程快点儿结束。

“认识你的人似乎认为和你在一起很开心、很有趣，你爱笑，甚至有人说你会拉手风琴。”在第一次课上教练提到。

“只在几杯啤酒下肚之后。”鲍勃笑着回答到。

“有没有工作中的人知道你会拉手风琴？”

“不知道，他们为什么知道呢？”

“好吧，我想我们要回答的深层次问题是，他们为什么不知道？”

接下来的 3 个月里，鲍勃的高管教练每两周与他见一次面，每次谈话他们都会回到鲍勃的双面性格这个话题上。“工作中的鲍勃”严肃、单调、难以读懂。“家人和朋友面前的鲍勃”放松、风趣、容易接近。教练希望能够帮助鲍勃把自己放松、友好性格的一部分带到工作中去，但事实证明，这说起来容易，做起来却很难。

“我不想伪装。”鲍勃说。

“伪装什么？”

“你知道的。在工作中我不想成为别人，我只想做我自己。”

“那么，在朋友面前你表现得友好、和蔼可亲，你是在假装吗？”

“不，当然没有。”

“那么，你为什么说在工作中表现出友好、和蔼可亲就是在装呢？”

“因为我在工作中不是这种感觉。”

最终他们意识到鲍勃在工作中的情绪状态（严肃、苛刻、单调）是对压力和不确定的反应。鲍勃在工作中是一名有野心、工作努力和尽职尽责的人，他从来没想过放轻松一点儿会对自己有帮助。而且，他认为如果自己“总是开玩笑、很随意，那同事就不会认真对待自己了”。

高管教练鼓励鲍勃把自己更轻松、更友好的一面带到办公室，但不要突然做重大转变，而是一步步来。鲍勃开始试着在员工会议上以小玩笑开始，而不是像以前那样直接进入议程。他甚至用了一些小幽默。“高管教练建议我在工作中展现出更多的情感。”在会议开始时他对员工说，“我告诉他，我只有两种情绪：沮丧和失望，所有我让你们来决定今天我要更多表现哪种情绪。”紧张气氛过后，他们明白了。原来鲍勃真的挺有趣，带着些冷幽默，而且他特别喜欢拿自己开玩笑。

虽然我们短短几页就把鲍勃的故事讲完了，但他其实用了几个月的时间以及很多次谈话才做到那样的转变。他必须清楚了解到，自己缺少幽默感和积极情绪的这个事实让他在公司中所付出的代价。因此，他必须采取措施挽救。

“我没有给自己太大压力，强迫自己突然变得有趣或富有魅力，诸如此类。”他说，“放轻松，时刻提醒自己我是有多喜欢同事，我们偶尔一起笑笑能有大帮助。”

缺少基本的礼貌和尊重会让我们的魅力大减。

鲍勃最终意识到自己在工作中的各种小方面都表现出了对同事和下属的不尊重。是高管教练帮助他看到了自身的问题，自己某些典型行为模式让自己和其他人产生了隔阂；更重要的是，教练帮助他看到了这些障碍是如何让他感到舒适的。如果人们犹豫要不要和他说话，那么除非他们已经有了某个解决方案，否则他们是不会告诉他存在的问题的。如果人们不去打扰他，他就能有更多的时间和精力放在项目和任务上。鲍勃认识到，他创造的这些屏障，其实是为了缓解自身的压力和焦虑。

他的行为包括准时（或稍晚一些）出现在会议室，不进行任何社交闲聊直奔会议主题。会议议程安排得总是很满，所以会议进行得速度非常快。当高管教练问他，如果他在晚餐餐桌上也是如此，吃饭时总迟到并且吃饭很匆忙，那妻子会有怎样的反应？这让鲍勃看到自己过于关注会议效率其实是一种不礼貌的行为。

鲍勃非常努力地寻求他人意见。他养成了一种习惯——即使非常确定自己的观点很正确，也要在表达自己观点之前先问问其他人的看法，听听他们会说什么。他不再在人们表达看法之前说话，不再打断和中断他们。“这是一个不好的习惯，”他承认说，“我之前从来不会这样，是这几年养成的习惯。”

鲍勃仍然记得在第一次公司会议上他对某个员工说话时有些人脸上的惊讶表情，“我有不同的观点，但我能理解你是如何得到不同结论的。让我们再深入讨论一下这个问题。”他肯定有些人在怀疑这是不是某种陷阱，直到他们习惯和“新鲍勃”相处后。

总的来说，鲍勃学到的（或者说是重新学到的）是对待所有人都要友好，有基本的礼节和礼貌。在工作场所中总会有人和你相处不融洽，甚至还会有人让你讨厌。要特别尊重这些人。不是因为他们值得，而是因为其他人会注意到你的礼貌行为。当你与难相处（或是不可理喻）的人打交道时，你表现得礼貌、大度，他们会特别注意到这一点。

树立自信

这并不是说让你像房间里的领头羊一样大张旗鼓地自信爆棚。事实上，没有什么比这种类型的自信更能减少人格魅力的了。很随意的自信来自自身的放松，不受他人的威胁，也不对他人造成威胁。

从波士顿到西雅图的航班上，我看到了一个很典型的例子。我的座位靠近走廊，走廊另一侧的位置上坐着一位具有典型 CEO 形象的男人：布克兄弟的深色西装，法式袖口，擦得光亮的黑色牛津鞋，很短的白发，还有一副金丝眼镜。他正在全神贯注地阅读某份报告，随手在上边做着笔记，这时，一位年轻人登机后坐在了他旁边靠窗户的位置，他感觉有些厌烦。这位年轻人穿着非常普通：牛仔裤、T 恤，背着帆布包。飞机起飞后，我特别期望这位 CEO 能继续专注于手头上的报告，但我听到那位年轻人向他问了一个问题。

“你来自波士顿？”

“不，西雅图。我回家。”CEO 回答到，但眼睛并没有离开那份报告。

此时此刻，大多数人都会非常识趣地不再打扰 CEO，让他继续阅读那份极其重要的报告。我坐在走廊另一侧，都感受到了他的震慑力。

“我叫彼得。”这位年轻人笑着说，伸出了他的手。

“道格。”CEO 回答到，握了这位年轻人的手，但仍旧没有与他进行眼神接触。

“我不会再打扰你了。”彼得看了一眼道格的笔记本电脑说，“看上去，你有很多工作要做。”年轻人热情友好，没有被 CEO 吓到，但也不想做一个讨厌鬼。CEO 又花了几分钟的时间在他的报告上，然后摘掉眼镜，揉着眼睛。

“你来自波士顿吗？”CEO 问道。

“是的，但由于工作原因，我要搬到西雅图。”

“那一定是个不错的工作。”

“是的，微软。程序员。”

“不错！”

沉默了几分钟后，彼得又问道，“道格，你是做什么的？”

偷听显得很没有礼貌，但这个问题确实太有魔力了。他很随意，就是闲聊，而且直呼了道格的名字。在接下来的谈话中，彼得对道格所从事的商业金融工作表现出了强烈的好奇心，接着问了很多非常好的问题，没有比了解自己感兴趣的人更重要的事情了。这个年轻人真的很热情，也很有魅力，之后的几小时里，这两位迥然不同的人非常愉快地聊了各种话题。

机舱里响起了让我们收起小桌板，飞机准备着陆的声音，我听到彼得说了一句话。“如果我生活中出现了某种必须穿西装的时刻，当我穿的时候，我也想要这样一套。”彼得指着道格的西装说，“我应该去哪里买？”

道格大声笑到，给了彼得裁缝的名字。我脑海里闪现出这样一个画面——如果我坐在 CEO 旁边，将会是怎样的情景。我会有些害怕，不会费力与他交流，直到飞机着陆，我俩将一直保持沉默。

我知道不只是我自己。有多少次你都错失了谈话和联系的好机会，就是因为你不愿意主动打破刚开始的屏障。真正有魅力的人会本能地这样做，但大多数人，也包括我自己，都必须有意提醒自己这样去做。

老板耳语者

比尔·麦克尔罗伊（Bill McElroy）有一个很严重的问题，这也花费了他很多钱。他是曼哈顿一家小型广告公司的高级客户经理，他的一位最大的客户很不高兴。广告宣传活动即将要举行，他们把创意展示给客户后，客户公司的市场营销总监问比尔："这是什么东西？"比尔与这位客户合作了两年多，而且客户一直都对本公司的创意非常满意，但这次却突然转变了态度。更糟糕的是，比尔对他们的反应一点也不奇怪。他早已预料到了这一点。

广告公司的创始人兼创意总监希拉·库什塔娜（Sheila Kushtana）不顾比尔的反对，毅然决然地把这个项目给了一名新设计师。"这是他为我们做的第一个项目，我不想在我最好的客户上冒这个险，"比尔告诉她，"他们喜欢一直合作的设计师，他真的了解他们，所以就让我们保持原状。"

希拉对于自己的决定很坚决。"我们刚刚聘请的这个人来自于纽约最大的广告公司之一，我需要让他承担一些项目。他应该能胜任，我知道改变很困难，但你的客户一定会喜欢他的作品，我发誓。"当希拉用不耐烦和命令式的语气说话时，比尔是不会和她争论的，因为那种语气就已经预示着没有讨论空间了。如果有人误认为自己可以或者应该提供不同的观点，她一定会把对方羞辱一番。她偶尔也会快速请对方出去。

整个公司都清楚"希拉发话了"这句话意味着什么——再进行争论或讨论

也毫无意义可言。

比尔从客户见面会回来之后直接去了希拉的办公室，带给了她这个坏消息。“他们不喜欢那个创意，如果我们在周五之前拿不出他们喜欢的新概念和活动策划，他们就要和其他公司讨论这个项目了。”比尔努力将自己语气中“我早告诉你”这个情绪降到最低，他期望希拉至少会有那么一点点后悔，重新分配之前的设计师，让事情重回正轨。正相反，她很生比尔的气，将责任推到他的身上。

“设计方案很好。在拿给客户之前，我亲自审查了一遍。很明显，你没有推销这个概念。你需要做的是重新思考你的整个策略，回去再把这个概念重新推销给客户。如果你做不到，我来做！”

希拉发话了。

比尔了解自己的客户，并且很确定如果他回去再说服他们原来的设计方案特别适合他们，他一定会失去这个项目，两万美元的佣金就这么没了。他也知道，如果希拉出现，向客户推销这个方案，他将永远失去这个客户以及将近一半的年收入。

他不知道该怎么办。他离开了办公室，走了几条街去了最近的星巴克。坐在角落里，喝着咖啡，比尔想了所有的可行性做法，哪个都不是很好。他现在就有一种冲动，冲进希拉的办公室，辞职，然后大步走向另一家广告公司，但是他花了好几年的时间才建立了现在的客户群，他对从头开始一点儿也不感兴趣。他揉了揉眼睛，感到一阵头痛袭来。

“最近怎么样，比尔？”

他抬头一看，有些措手不及，原来是另一位客户经理桑娅·索普（Sonya Thorpe），他挥手让她离开。“非常糟糕的一天，桑娅，你最好让我一个人静静。”

但桑娅还是坐在了他旁边，脸上露出担心的表情。

“怎么了？”

“聊它一点儿意义都没有。”比尔回答说。他真的只想一个人待着，但桑娅对他一直都不错，所以他不想对她太粗鲁。她是办公室里为数不多的真心待人友好、幽默而且对他人的成功感兴趣的人。当听说其他客户经理接下大单子时，她不会八卦、不会攀比、更不会嫉妒。她工作出色，总是很亲切，婚姻幸福，育有两个孩子，为人得体大方。就在这一刻，比尔感觉自己有些恨她。

“我必须说，不管发生了什么，你看起来很低落。我原想就这么走过去，假装没有看见你。”她说，“但是我没有这么做。”

“你应该那样做。”

“但是我没有。”她重复到，“那么到底发生了什么？”

桑娅一直是那种很善良的人，人们愿意对她敞开心扉，当然，比尔也跟她叙述了事情的整个经过。他想要得到一些同情，或至少站在正义的立场上指责希拉，她明显是造成整个情况的罪魁祸首。相反，桑娅认真地听着，不时地会点头，然后她笑着说：“你完蛋了。”

他们一同回到了办公室，桑娅要求看看设计师那个被客户彻底否定的作品。比尔还是希望得到一些证实——桑娅可以说这个作品很差、无法接受。但她说的却是：“嗯，也许不是我见过的最好的，但有潜力。”然后她问：“你介意我找希拉谈谈这件事吗？”

晚些时候，桑娅去见了希拉，比尔永远无法得知她到底说了什么。但第二天早晨，他被叫到希拉办公室，办公室里还有新的平面设计师以及之前负责客户项目的设计师。“我们要一起讨论，对这个作品做些调整。”她说，“我们要加入一些新概念，但还要保留一些客户喜欢的老元素。”他们工作了一个早上，直到比尔有信心将设计作品交给客户。到午餐时间，比尔对整个过程都感觉非常好，但对希拉的转变还是一头雾水。然后她又向他扔了一颗炸弹。

“当你向客户展示这个作品时，我要在场。”希拉说。比尔的心一下子就沉了下来，想象着如果客户有任何不满意时她可能做出的反应。她注意到他脸上痛苦的表情，不禁笑了。“我想先向你道歉。第一次的失败，我会承担全部责任，现在我要把这个案子交给你，我会闭嘴的。”她把一只手放在比尔的肩膀上，直接看着他的眼睛，“我发誓，我不会再搞砸了。”

几周后，比尔向一位同事提到了这件事的转折，同事回答说：“是的，当我们需要希拉做些什么或改变她的想法时，我们都会找桑娅帮忙。我们把她称为老板耳语者。”

说明一点，桑娅会问类似的问题是因为她真的想要知道答案。而这些问题又告诉了希拉，桑娅有多尊重她的想法和看法，这也有助于两个人建立稳固关系。

当你想要对方知道自己真的关心他们所说的内容时，你总会找到某种方式在对方刚刚说的内容的基础上问两到三个后续问题。这些问题可以让你深入到对话中，也让对方知道，自己确实在听。当记者们想要某个采访对象充分表达自己观点时，经常会利用这种技巧。他们会提出类似的问题，如：

- 跟我多说说你是如何……
- 你对……的反应是什么？
- 你对……的想法是什么？

明白了吧？桑娅会利用后续问题来使她们之间的对话更加深入。办公室里有些人特别惊讶地看到希拉能够对桑娅吐露心声、分享过去的经历、创建公司时所克服的各种困难，甚至童年时代经历的困难。

希拉能够分享这么多工作中和生活上的细节的另一个原因是，桑娅是第一个主动和她谈论自己曾经历的挑战和困难的人。如果你愿意（在适当的时间和地点）和其他人分享一些能够使自己看起来更脆弱、更接地气的信息，那他们也会和你分享他们的这些信息。你可以先分享自己的个人信息（再次强调，在适当的时间和地点），然后在对方说自己的故事时，表现出对对方的关心（用后续问题），通过这种方式，完全可以深化和加速这个互动过程。

如果你想要某些东西，直接提出来

我们刚刚已经说过，魅力和惹人喜欢的一个关键就是表现出对他人的真正关心，但不要任何回报，这自然很正确（否则我们也不会这样说）。但也确实会有你想要或需要某些东西的情况。

当富有魅力的人对对方有所求时，他们不会拐弯抹角地兜圈子。因为他们知道，有些人会想方设法从你那儿得到一些东西，而不是坦白说明自己想要什么，没有比这一点更让人失望或感觉不受尊重的了。

这并不是说你就应该对此保持严厉或生硬或粗鲁的态度，当然不是。但如果你想要某些东西，直接并且有礼貌地让对方知道你想要什么。如果你可以（真诚地）将其放在互惠互利的基础上，那就更好了。但不要试图非得达到双赢的局面。有时，事实就是我们想要一些东西，但它并非双赢。我们就是想要或需要它。最得体、最富魅力的做法就是直接索取。

当桑娅向希拉谈论比尔的情况时，她并没有小心翼翼地去做。她开始只是说："我非常担心比尔，我有个提议，请听我讲完。"她很直接、坦率，也表现出了对对方的尊重。希拉刚开始的时候是拒绝的，桑娅也预料到了这样的结果。

所以她问了一些后续问题，更清楚了希拉所考虑的方面。

“我想帮助比尔变得更强大。”希拉说。

“我理解，但不管是否正确，如果我们失去客户，比尔一定会责怪你。这对他、对你、对公司都没有好处，”桑娅对希拉说。“你一直教导我们抛开自我，将公司的利益放在第一位。”

希拉情不自禁地笑了，因为……桑娅发话了。

桑娅说服希拉的能力很显然是建立在她个人魅力和惹人喜欢之上的，她自信的谦虚、尊重他人、幽默以及真正关心他人。你自己也可以成为“老板耳语者”，尽管这需要大量的时间和精力。与老板建立稳固的人际关系，培养自己在必要时能够（用魅力）取悦/说服他们的能力。

研究公司。你对公司的了解程度要远远高于完成自己工作所需的。这就要求你在公司里永远做一名学生。了解每个部门、每种职能、有竞争力的市场动态、公司如何成功以及公司成长/稳定所面对的威胁等。公司里的同事可以帮助你，但不要期望老板成为这些信息的源头，只有在能够提出技术含量高的问题之后，你才能加入讨论。

了解老板的气泡。因为在工作场所中，老板们有权利管理其他员工，因此，在“气泡”中工作的老板，他们会损害其接收到的信息的准确性和真实性。很多人会想尽办法不让老板听到“坏消息”，即使这些信息有助于老板做出有效的商业决策；很多人会庆祝老板的想法和行动，即使他们并非真心支持老板；老板讲笑话时，他们会笑，即使这些笑话并不好笑。你的目标不是要去批判这些气泡，而是为你的公司去研究它。确保自己清楚了解老板被隔绝的程度。

研究老板。仔细观察老板如何与其他人互动，老板喜欢以何种方式吸收信息。有些人喜欢口头强调，有些人喜欢书面上的具体数据，有些人喜欢私下阅读，有些人喜欢和团队公开讨论。还有些人喜欢将上述方式结合起来，或是其他完全不同的方式。研究你的老板是如何吸收这些信息的，还要研究他如何把消息传递给其他人，还要观察确定出老板的真正实力、对信息的掌握程度以及工作效率。公司里还有其他人和老板关系非常好吗？通过观察那个人，你可以对他们之间的互动了解多少？留意老板可能会有的弱点。再次强调，你的目标不是批判，而是深入了解。

提出有价值的问题。根据你对公司的研究和对老板的观察，你现在应该处于偶尔能提出有价值的问题的位置，潜移默化地向老板传递出你的知识储备要远远超出预期的信息。例如，“我读了您在我们年度报告里写给股东的信，我在想我们现在所做的事情是否能解决您所提到的某些战略性威胁？”类似于这样的问题要在适当的时间和地点提出，给老板真正的机会来谈一谈他思考了很多的东西，也让他们有机会多了解你。另一个例子就是：“我注意到公司的竞争对手正在向新技术投入大量的资源。我们考虑过这件事吗？或者您有不同的看法吗？”当你这样定位这个问题时，你不仅在暗示竞争对手正在做更好的事情，而且也给老板了一个说出他所思所想的机会。

创造出意想不到的价值。你必须在自己的职责范围内出色工作，这是前提。但还应该尝试在其他领域为公司或为老板创造价值。如果一位领导提到说他希望得到客户的更多反馈，你就应该找到某种联系客户的方式，为他拿到客户反馈；如果一位领导在每月举行的问答会议上表达了对员工的失望，因为没有人提出大家都想知道的有难度的问题，下次会议上，你就可以提出这样的问题（注意，不要太难）。每个情况和职业都是不相同的，但你仍然可以找到创造出意想不到的价值的方式，同时得到老板的注意和重视。

让自己的交流方式与老板的保持一致。在对老板的行为观察一段时间之后，你应该能基本掌握她的交流方式。有些人说话很直接、甚至是直率，快速说出自己的观点，并且期望他人同样快速地给出回应；有些人则更喜欢采用友好的互动聊天方式，他们对莽撞的人比较反感；有些人会用很多数据说话，而其他人则喜欢讲轶事奇闻；有些人非常有礼貌、懂分寸，并且词汇丰富、措辞恰当；有些人说话频繁出错，有些人则喜欢像水手一样宣誓。你不必模仿老板的交流方式，但你应该了解，自然地与它保持一致。

减少自然的紧张。在管理者和被管理者之间自然会存在紧张气氛，而且这种紧张会让双方都感觉不自在。当然，在这种自然紧张面前，你肯定比老板更不自在，但一定要清楚他的那部分不自在是确实存在的。当你可以找到自然、适当的方式减少这种紧张（肯定不会完全消失），老板会非常感激你这么做。其实这就是说，要在见面的过程中找机会展示一下自己的小幽默；在工作以外的时间里多跟老板接触。这有很大程度上取决于老板个人的性格，但你的目标仅仅是找到一些方式，让老板和你相处起来更舒服。

对待同事要敏感。在你和老板建立更稳固的关系后，其他员工也会看到，有些人对此会感到反感，甚至有点儿嫉妒。所以说，你要对他人的看法时刻保持敏感，不要给他人留下你能单独与老板接触或有其他特权的印象，这一点非常重要。即使你确实有这些，你也应该消除其他员工对你的有问题的看法。不要炫耀你与老板的谈话；不要在老板周围的其他人有压力而保持正式态度时，你却表现得非常随意。如果一位老板注意到其他人认为你“受宠”，那很多老板都会立刻停止造成这种看法的任何谈话或活动，你作为老板耳语者的日子也就结束了。

知道何时置身事外。总会有各种你不应该与老板一起处理的问题或情况，不管你与老板的工作关系有多稳固。换句话说，你要时刻谨记自己的位置。公司领导经常需要平衡保密问题、法律合规性与公开透明这几个方面。另外，任何与人力相关的问题都非常敏感，所以如果两名员工在工作场所中起冲突了，不要认为自己有责任与老板一起解决这个问题。

帮助老板赢。当你对老板有更好的了解后，你应该留意他自己的职业目标以及在工作中想要完成的其他事情。有时，甚至会有与工作无关的目标，你也可以帮助。如果老板提到他一直学不会打高尔夫球，而你又知道一位特别优秀的高尔夫球教练，你完全可以向老板推荐。在工作中，如果你知道老板有具体的目标，或只想在他的老板面前表现良好，你的任何帮助都能受到感激。

所有的这些建议都应该用本章中所讨论的富有魅力和良好的行为去实施。对于你、你的老板或其他人，都不应该感觉你是在“讨好”老板。只要出现这样的情绪，整个过程就会很快停止。

如果赫布可以做到，你也可以做到

那么，赫布同意与我共进午餐了。而且我预想这顿饭会很快结束，会与我之前与他人共进午餐时的痛苦经历相似。但赫布没有出现任何苛刻、强硬或固执己见的态度，相反，他却非常……友好。我甚至敢直接跟他说了“你人真的很好”。很有趣，真的。

“我花了很长时间来思考自己的职业生涯。就工作而言，我可能只有十多年的大好时光，我想尽可能明智地过这十年。”

赫布说工作中的大部分时间他都尽了自己最大的努力，把自己逼得很紧，把其他人逼得更紧。PlayerTrak 公司中 CEO 的位置是他最终的梦想，他也曾下决心做到这个位置。

“很不幸，我是如此的坚决，内心的恶魔因此也抓到了最好的我。”他说，“非常讽刺的是，毁灭我的正是驱使和推动我成功的那个力量。”赫布提到，他很快就去中国澳门了，为一家公司做咨询工作。他一直在学习中国的社交礼仪，试着学习一点儿普通话。

“赫布·勒特雷尔去澳门，”我说，“这对你来说是一个很大的跨越。”

“是的，就好像闯进瓷器店的公牛。”他笑着说。

赫布……真的……开了一个玩笑。后来他告诉我，在中国的经历就是他生活的一个转折点，因为他必须具备有礼貌、敏感、尊重他人，以及其他很多他本身并不具备的特点。

开始思考

客观判断自身的魅力水平和受人喜欢的程度。每个人都喜欢你吗？有一些人喜欢你而一些人则不吗？你的魅力水平和受人喜欢的程度是否足够加速你的职业发展？

- 你对人们的总体感觉是什么？如果你对其他人有偏见，那么对你自己受人喜欢的程度来说，这一点让你付出了什么代价？
- 你在了解自己的缺点方面有多舒适和自信，而不是因为自己的缺点而感到尴尬？在这一方面，你需要做什么吗？
- 你会经常善意地调侃自己吗？

如果在工作中增加自己受人喜欢的程度和魅力水平有益于你的自身发展，请采取以下行动步骤。

- 当你想向对方索取什么东西时，你是否能够坦白说明，同时利用你的个人魅力和与他们的亲密关系？

尽快行动

- 不要明显或突然改变行为，开始更多、更自然地在你的日常交流中使用人们的名字。
- 在工作中找到机会，更频繁地对其他人表示自己的尊重。
- 找到对他人表示真正关心的方式：

  ——表达对他们目标和兴趣的好奇。

  ——提出更多问题。

  ——提出后续问题。
- 给他人带来更多的快乐和愉悦。如果你本身不是一个幽默或风趣的人，你还可以分享 YouTube 上关于有趣猫咪的视频。（开个玩笑。）（但你仍可以这样做。）
- 你会经常调侃自己吗？
- 你会提出深刻的问题和后续的问题吗？
- 如果你与直接上司的人际关系不太好，或者就是一般，你可以思考一下如何缓和这种关系。

长期的想法和行动要点

如果我们把这个话题概括为几条过于简单的建议和重点句，那这对你来说可能是一种侮辱。如果你真正努力提高自己在生活中所有方面的魅力系数和个人受喜欢的程度，那以下问题和建议就有助于你看清未来的发展方向。但努力和深入思考的程度完全取决于你自己。

- 就现在而言，谁是你生活中最具魅力的人？过去你接触过的最具魅力的人又是谁？
- 你认识的人中谁对其他人是出于内心的关心和尊重？你如何对他人表现尊重？
- 你认识的人中，谁最爱笑，一直有好心情，又能够给其他人的生活带来情绪上的“阳光”？
- 从这些人中，你能学到和“模仿”到什么行为？

后记：赫布又去过几次澳门，也一直在世界各地为同类公司做独立的咨询工作。他特别享受现在的工作，喜欢与他一起工作的人，这对他来说就是一种全新的经历。

第8章

佛陀、斯波克、巴顿和夏洛克

选择就是命运的狂欢。

——艾得文·马克汉（Edwin Markham）

在你整个职业生涯中，总会有某些关键的抉择时刻，而这些时刻会对你的职业发展轨迹产生重大的影响，不管是向上的还是向下的发展。这些时刻出现的概率相对较小，相隔时间较长，因此，大多数人都是简单地运用正常和本能的决策过程，对于解决日常问题来说，收效明显。但涉及与职业相关的重要决策时，你需要更周全的思考过程，例如：

- 我应该追求什么类型的职业发展道路？
- 我应该接受什么样的工作？
- 我会出于其他一些原因接受这个工作或与雇主协商得到更多的东西吗？
- 如果事情不顺利，我是应该退出还是努力让事情得到好转？
- 遇到有难度的问题，我应该直接与老板或同事共同解决吗？
- 我应该继续做稳定的工作还是尝试一些潜力更大但更有风险的工作？

当与事业成功的资深人士交流时，我请他们讲了对他们有重大影响的一些关键决策点，他们的决策在很多情况下都是违反直觉的，或与典型的商业决策“原则”相悖，我没有想到会有这样的答案。

“我从来不会后悔。”他说，“生活中的所有事情都是一种学习经历。”

我和哈尔沃·比约克逊（Halvor Bjorkson）谈过一次话，他是位于中西部一家印刷公司的运营总监，他跟我讲述了在之前就职的几家公司所遇到的一系列困难经历。在与印刷产品相关的所有事务上，哈尔沃（朋友们称呼他为“哈尔”）的能力非常出众。他是一个工作努力、循规蹈矩的人，或许有些刻板，但在商业印刷生产环境下你又特别注重细节时，这通常是个不错的品质。一个小错误会导致调色板上的上千本小册子都成为垃圾。

哈尔向我讲述了几年前他的职业发展是如何脱离正轨的。当时他刚刚离开了一家大型公司，进入了格兰杰印刷公司，这家公司规模相对较小。“在职责和收入上是一个很大的跨越，而且他们承诺给我公司股份以及到高级领导者职位的捷径。”在之前公司时，哈尔想要得到类似职位起码要等上十年，甚至更久，前提是有机会。“宁为鸡头不做凤尾。”他说。但新的工作环境一点儿也不像他所预期的那样。格兰杰是一家规模较小的家族企业，它的文化与之前的公司截然相反，他很惊讶地看到很多家族成员在整个公司中担任多重角色。“大多数人都不是特别擅长自己的工作。”但他们受到了家族纽带的“保护”，几乎不会为差劲的工作表现负责任。

哈尔的一名直接下属是董事长的侄子，也是市场营销总监（董事长的兄弟）的儿子，他似乎觉得自己的工作很无聊。当哈尔试着给他改进性的反馈时，他翻动着眼睛，走开了。哈尔无法辞退他，无法教训他，无法做任何事情，只能眼睁睁看他继续拿工资。这对哈尔团队的人来说是一种打击，特别是对哈尔。

当哈尔认识到格兰杰印刷公司里家族企业文化的根深蒂固时，他决定开始寻找另一份工作。但在另一家商业印刷公司谋求到同等岗位之前，他在格兰杰一待就是三年。当寻求新的雇主时，他非常慎重，确保公司里没有家族经营的文化。他不得不降低了一小部分薪资，但能够离开当前职位也是值得的。很遗憾，他离开了“煎锅”，却又跳入了另一个（完全不同的）火坑。

哈尔开始在邦纳印刷公司担任生产总监一职，他发现由于材料（特殊油墨和专用纸）目前没有到位，一些项目不得不推迟。哈尔还发现公司的资金紧张，对于大型和特殊印刷工作，他们只有在首次付款（一般都是总价的 50%）交付后才能预定纸张和其他材料。这就意味着工作职能在哈尔计划的一周后开始，有时会推迟更久。

这让项目和时间安排很难制定。印刷机有半天时间或者更长都是闲置的，然后会突然整晚工作，就是为了按时完成印刷工作，这也意味着公司需要支付给生产人员加班费。而公司并没有对加班费做预算，所以，哈尔必须从其他地方缩减成本。

当哈尔面试邦纳公司的职位时，没有任何人提到资金紧张这个问题。当然，他也没问，而且他们也不可能公开说明资金问题。他在生产部门，不是销售部，所以他无法提高订单量。不到一年的时间，哈尔意识到事情没有任何好转。如果说有变化，那就是财政压力更大了。当他的一名同事辞职时，公司要求哈尔推迟几个月再聘请新人，只是为了节约成本。“那我怎么完成工作呢？”他问道，之后突然明白了，公司是期望他能接手辞职员工的工作，但没有额外薪水。

资金紧张也让公司无法购买新的数字印刷设备，而在这个时期，大多数的商业印刷公司都正在将传统的印刷机更新换代为高速的数字印刷机。缺少投入就意味着邦纳印刷公司正在失去某些特定的工作，这些工作要求数字印刷机的速度和灵活性。而且新的数字印刷机降低了这个行业里每个人的价格压力。所以，毫无意外，邦纳公司的财政紧张得像一个套索。

不到 6 个月的时间，哈尔就清楚了自己需要一份新的工作，但他用了将近一年的时间才找到了跟当前职责和薪资水平接近的职位。他最终敲定的这份工作在这个州的偏远地方，离居住地将近两小时的车程。但薪水不错，而且大平原媒体在数字印刷生产上投入了大量资金。事实上，他们计划两年内完全取代传统胶印机印刷，如果可以，希望以更快的速度取代。跳槽的过程其实很痛苦，但哈尔却很兴奋，感觉自己在大平原媒体有未来。而且，一旦哈尔确定公司适合长期工作，妻子和儿子也愿意考虑搬到更小的城镇上生活。

当我第一次见到他时，哈尔已经在大平原媒体工作快 6 个月了。当时我正在引导一个关注于员工忠诚度和投入度的领导力研讨会，哈尔在我们所讨论的一些核心概念里挣扎。他习惯于传统印刷公司里的蓝领命令与控制文化，管理者微观管理印刷生产过程所涉及的每个方面；生产员工大部分是男性、技能水平低、无本科学历，而且渴望努力工作以保住自己的工作，薪资不低，与其他蓝领工作相比，相对较轻松。

大平原媒体里的现代数字印刷文化非常与众不同。员工普遍年轻化，受过大学教育，熟练掌握电脑技术，包括设计和印刷生产。男性和女性员工数量差不多，公司会争取最优秀的员工，因为在附近城市里的很多行业能够让他们利用到自身的计算机技能，所以公司需要吸引他们到更小的郊区。哈尔很失望，因为在他看来，员工得到了很好的补偿，但似乎没有表现出特别感激。事实上，他们对一点点的不方便都会“发牢骚和抱怨”（用他的话说）。

即使公用语言，对他来说也都是新的，甚至感觉有些不快。他的直属下级是“团队成员”。他们支持“共享的职责”和“策略上的不定”。有时他会感觉自己是否降落在了另一个星球。

我挺喜欢哈尔，在研讨会后我们一直保持联系。几个月后，我们相约共进午餐，他提到自己正在找新工作。他刚刚收到自己的年度业绩评估，包括360度反馈，就是直接下属、同级和上级（通常包括你老板的老板）会匿名对你进行评价。哈尔对其中一些反馈非常诧异。老板和他一起看了这些评价，老板指导哈尔要对自己的员工更开放、更包容、更灵活。哈尔边笑边点头，但他满脑子都是背叛的感觉，这些人从背后给他了致命一击，他却无能为力。在传统的蓝领世界中，事情根本就不是这样发展的。坦白讲，上一次他收到如此直白、带有批评性质的反馈应该是在几年前了。在很多层面上，他认为这都是错误的方式。“如果对我有意见，他们应该直接来找我。”他说，“在背后袭击我这件事情上，我没有看到‘策略上的不定’。”

哈尔认为自己并不适合在这家公司长期工作，所以他又开始寻找新工作。他没有特别地失望或生气，也许会有点儿伤心，但已经准备向前看了。

“我从不后悔，”他说，“生活中的所有事情都是一种学习经历。”

这样理性和不责备的态度确实是一种成熟的思考方式。它也反映了哈尔那种斯多葛派斯堪的纳维亚人一贯的信仰：从不抱怨，只是工作。我们很容易羡慕这种凡事皆事出有因的高姿态，但它同样也反映了一个问题。因为采取高姿态的态度，哈尔也无法对他所作的决定进行真正深入的分析。

哈尔现在可能会发展更好，如果他只是说："我犯了几个错误，我要弄清楚实际情况，这样就不会再犯同样的错误了。"是的，生活中的所有事情都是一种学习经历；是的，我们也不应该总是生活在对过去错误的悔恨中，但我们也不能装作没有犯过错。

承认自己过去犯过错，并且所犯错误限制了职业发展，那些错误决定给你的职业发展带来了负面影响，这里就是你的起点，以充分发挥你的职业潜能，提高你的能力，做出对职业发展有正面影响的决定。

不论你是一名正在思考第一份全职工作的大学生，还是正在步入职业生涯最后10年的50多岁的职场人士，总有一些重要决定对你的职业产生重大影响。深入思考这些决定，会对你的职业发展有巨大帮助。

- 你的大学和教育的中心。
- 在大学期间，你的课外活动和项目。
- 大学毕业后，你接受的第一份全职工作。
- 如果你讨厌自己的工作、老板或同事，你会做什么？
- 生孩子之后做什么？
- 接受哪个工作和项目，拒绝哪些？
- 如果你突然被裁或失业，你会做什么？
- 继续哪个正在进行的职业发展活动？
- 在工作中，与哪些人结为同盟，与哪些人进行社交，哪些人要避开？
- 你是否应该对失败的项目承担责任或转移责任？

有时，这些问题相对应的"正确"答案很容易，也很直接。但本章的中心是在正确答案难以找到和不确定时你应该做什么。或者，当你过去会经常做出次优决定，甚至当最佳决定很明显时。在你越来越能熟练回答这些有难度但深入的职业问题时，你也能更好地回答这些普通但很重要的问题，例如：

- 是否要约会同事？
- 是否要对老板坦诚？
- 是否可以文身？
- 是否可以与同事分享自己是如何度过周末的？

回顾过去和充分认识到自己所做错误决定的目的并不是要打倒自己，而是确保自己有能力完全、深入、准确地分析哪里出错了，降低重复错误思考过程的概率。

“我从不后悔，”他说，“生活中的所有事情都是一种学习经历。”

在回答他之前我喝了一小口咖啡，我不想惹哈尔讨厌，但是他确实需要一个不同的视角。“从你离开那家大型印刷公司到现在已经有八年的时间了。”我说，“如果当初坚持留在那儿，你觉得你的职业发展如何？”在说这话的时候，我努力让自己表现得漫不经心，非常随意，但它还是触动了哈尔的某根神经，他沉默了几分钟。

“你说话的语气很像我妻子。”他说。然后，他告诉我说，他曾经的一位直接下属现在是公司的高层领导，团队里其他人的职业也有很大发展。但哈尔现在仍然拿着八年前的工资，而且还计划辞职（又一次），寻找新工作（又一次），未来的职业发展前景也不是很明朗。

“当听到你和我妻子这样说的时候，”他低声吼着，语气里有防御性的讽刺，“我觉得我真的完了。”

我们谈了很长时间，哈尔才缓和了自我防御的情绪，但值得称赞的是，他最终还是坦然承认了自己曾做了一些错误决定。我不知道他是否真的完了。没有人能够准确预测出如果当时做不同的决定，生活是否能够改变。但哈尔和我一致同意至少在他的决策过程中确实有某些东西缺失了。刚开始的时候，他可能对我有些厌烦，正因如此，哈尔才最终对自己做过的决定进行了深入思考。当他决定寻找新雇主时，他为什么没有表现得更理性呢？

“很多年前，我特别有野心，我知道我想要什么，而且我现在就想要。”他说，“我太沉迷于各种可能性了，以至于我根本不想看到真实情况。我没有耐心。如果事情没有按照计划进行，我是如此急切，于是我会很快逃离错误，逃离挫折，这从某种程度上也蒙蔽了我的双眼，让我看不到真实情况。”哈尔说。这就是他开始看清问题的时刻。他认识到，他没有看到未来潜在雇主的各种负面和困难方面，因为他不想看到。他向前行进的急切蒙蔽了他的双眼。

有时，在难以做决定时，我们经常会被自己对金钱、他人的认可、权力、爱、性、认同、新经历或其他特别渴望的东西（或者某几样东西）蒙蔽双眼。所以，在做困难但意义深远的决定时，第一步就是要质疑你自己的思维模式，质疑你最深处的欲望。

借鉴佛家心态

我成长在中西部地区，是一个信奉路德教的单纯的男孩，但我也从佛教教义中学到了不少人生态度，例如，放下欲望，就能看到宁静和自由。我不是在要求你成为一名佛教徒（或路德会教徒），也不是说永远消除思想中的欲望。我试过，但几乎不可能实现，因为生活中还是会有一些东西我真的很想拥有，比如巧克力。

当面对困难但意义深远的决定时，首先问问自己，你内心深处最强烈的欲望是什么？在思考这个决定时，你最主要的情感动力是什么？

内心对他人认可或认同的渴望是否驱使着你？害怕尴尬？对金钱的渴望？深深期望获得他人的爱或认同？希望其他人能够了解你的痛苦，并且能够同情你？证明自己是正确的？证明他人是错的？对失败的恐惧？对毫无意义的恐惧？

你是自己的专家，当你知道自己内心最深处的欲望与某个可能出现的决定有联系时，这就是让你放弃那个欲望的机会，至少暂时放弃。问问自己，是不是因为被欲望蒙蔽了双眼，才导致自己有某些事情没有看到。

当哈尔和我讨论这一点时，他再一次陷入了沉思。“是的，”他说，“我特别想要走出去，不想看到现实”。他意识到，每次自己考虑未来的新雇主时，其实总会有各种迹象和指示表明会出现问题，但他选择了忽视它们。然后我问他，离开大平原媒体的决定是否也受到了内心深处某种欲望的驱使，或许是害怕尴尬和不希望被误解，它们是否从某种程度上蒙蔽了你？

哈尔喝了一口咖啡，在一个很长的斯堪的纳维亚式停顿之后，他浅浅一笑，说道：“你真该死！”

莎拉·郎萨姆（Sarah Langtham）即将结束自己 12 周的产假，她不想回去上班。如果她的家庭只靠丈夫一个人的工资生活，那经济就会非常紧张。她做的是一份技术类的工作，6 个月的离开意味着她的技术知识和技能已经落后很多了。但她真的非常想待在家里照看孩子。

“孩子最好是每天和母亲待在一起。没有人比母亲更关心自己女儿的了。”她告诉自己。而且她也是正确的。所以，她和丈夫决定至少在第一年中让她待在家里。

“这对孩子很好。”一年后她告诉自己，之后的很多次她也这样对自己说。

而且她是正确的。每当她感到后悔的痛苦或看到逐渐离自己远去的职业充满各种不确定时，这个咒语就会让她好受些。也正是这句话阻止了她思考自己终将付出的代价。5 年后（又生了另一个孩子），她明白了自己的技术知识是多么落伍，她不愿面对面试新工作的这个想法以及由于缺少知识给她带来的尴尬。而且，如果她待在家里，这对孩子好。而且她是正确的。

任何一个体面人都不会要求一位母亲不去为自己孩子考虑，但涉及与职业相关的决定时，莎拉最终意识到自己内心最深处的情感欲望蒙蔽了她的双眼，让她看不到所做决定的真实情况。十多年过去了，莎拉有种受困的感觉。基本没有任何途径（在她看来）可以让她以之前的能力重新回到职场。

“我当然爱孩子们。但我希望当时我能够意识到自己有多放任这种爱，让它蒙蔽了我的双眼。”她说，“我就应该找到让自己做更好决定的方式。”

她决定做全职家庭主妇，这没有错。如果她决定重回职场，这同样没有错。这就是艰难决定的本质，同时这些决定也会对她的职业造成影响。说明一点，这与暂时抛开自身情感无关。当你在思考某一个与职业相关的重要决定时，只有傻子才会要求你保持冷血状态。情感是我们内心的强大力量，通常能够帮助我们做更好的决定，但你至少要认识到内心深处影响此决定的欲望和情感。问问自己，是否可能为内心深处的欲望所蒙蔽。

罗斯·伯纳尔（Ross Bernhal）特别讨厌他的老板。首先，这个人就是个混蛋，对待自己的下属就像对待服务员一样；其次，他真的不知道自己在做什么。他不了解公司，也没有作为一名高效率领导者应具备的能力。而且老板希望团队中的每个人都能长时间工作，必要时周末还要加班，但每天下午五点第一个走的人肯定是他，而且从来没有在周末的时候见过他。这个人不只是无能和懒惰，罗斯肯定他也没有道德。在几次决定与特定供应商签订合同时，这些供应商给出的价格明显不是最低的，但老板还是同意跟他们合作了。罗斯认为老板很可能私下收了回扣，但没有证据，这只是罗斯的直觉。不过，有一点罗斯是非常肯定的，老板很无能。

“我不知道他在公司里是如何做到现在这个位置的，”罗斯说，“这个人总喜欢支使他人，做事从来没有过亲力亲为，而且在每一个项目上都会找一个替罪羊，以防出现问题。”

罗斯喜欢自己的工作，喜欢同事们，薪水也很可观。罗斯不知道该怎么做。一方面，他对自己说不要管了，等这个人离开，或者等待一个更好的工作机会出现，这样罗斯就能够逃离当前的境况，不用再与他打交道了。要保持高姿态，要大度，埋头继续做好自己的工作。

另一方面，罗斯很气愤，这样懒惰、无能的笨蛋居然能够如此成功，能够控制罗斯和团队里的其他人。罗斯跟很多同事说过，大多数时候他都抑制不住心中的怒火，但没有人愿意打破现状。一位为老板工作很多年的女士告诉罗斯：“他不总是这样，也许因为最近压力大。”她建议罗斯不要再插手，但也有一些人鼓励他采取行动。他们自然不愿意亲自行动，当罗斯真的建议他们写一份团队投诉书时，每个人都退缩了，沉默不语。

最后，在内心深处对“正义”的情感欲望面前，罗斯投降了。他安排了一次与公司 HR 调查专员的见面，他们理应是员工可以匿名进行投诉的人。当罗斯与调查专员见面时，他解释了自己的所有担忧，这些担忧都与选择供应商的准则相关，而且他也提到了老板苛刻的领导风格。

大概三周之后，罗斯得到了一个“升职”，他被调到了另一个部门。薪资没有变化，但他很开心自己能够离开当前的境况。两个月之后，罗斯突然被裁了。HR 给出的解释是因为公司重组，他现在的职位被撤销了。而他之前的职位也没有空缺，因为公司早已聘请了新人。罗斯很确定这与自己对上一任老板的投诉相关，但他无法证明。他又与 HR 调查专员见面了，调查专员告诉他，他们有对罗斯的投诉进行跟进，但他的身份是受到保护的，由于职业隐私法，最终结果无法被公开。罗斯完全不相信这种说法。他甚至联系了一位劳动者权利方面的律师，但律师告诉他，根本没有办法证明这种非法歧视。

所以罗斯决定向 HR 调查专员提出自己的担忧，他做错了吗？对“正义”的情感欲望是否蒙蔽了他？真相我们无从得知，因为他在采取行动之前没有收集到足够的信息。罗斯对同事们说了很多“慷慨激昂”的话，但对“正义”的强烈情感欲望导致他在没有做好功课的前提下就贸然采取行动。

调动你内心的“斯波克”

当你想到《星际迷茫》(*Star Trek*) 的斯波克时，脑子里的第一反应很可能是他对理性决定的承诺，完全不牵入任何情感。如果你对这一点再深入考虑一下，由于斯波克缺少情感，所以他做决定的依据就是获得的信息。为了做出理性、基于事实的决定，他会等到所需信息全部收集完。大多数人不会质疑这种基于事实做决定的智慧，而且大多数人的内心中都会有一个“斯波克”，他们努力指导我们。但有时，我们会让情感欲望说服我们，我们已经有足够的信息了，但事实上我们通常都有很多机会获得更多信息。

在哈尔的例子中，他有足够的机会可以去更多地了解每一位潜在雇主。他加入了一个当地的商业印刷贸易协会，完全可以利用自己的人脉获得更多关于所考虑的具体印刷公司的信息。哈尔的一些同事曾经在这些公司工作过，他们是特别好的信息来源。“我没有考虑这一点，因为我不想让大家知道我在寻找新公司。”当我提到这个想法时他说。

很显然，我不能建议说，“嘿，我刚在大平原媒体面试完，你觉得这个公司怎么样？”但我们可以这样问，“我听说你之前在大平原工作过，那儿怎么样？他们有什么特别好的地方是我们可以借鉴吗？”

哈尔还可以从网上多做些研究。有很多网站人们都可以在上边贴出他们对当前或之前雇主的“评价”。当然，有些看法不过就是“吃不到葡萄说葡萄酸”，但即使算上这样的评价，你也可以得到很多有价值的信息。

在实际面试中，哈尔还可以提出一些更有价值的问题。他问了所有关于工作本身、工作过程和要求等的基本战略性问题，但他没有深入调查公司文化以及让每个公司成为独特工作场所的方面。当他真的花时间去调查时，他也只是确保了新雇主不会出现与老雇主同样的问题。

他还可以与面试公司的几名员工见面。他可以通过上社交媒体与其中一些人取得联系，问问他们对就职公司的看法；他还可以要求在公司中进行一两天的“工作观察”，亲身体验公司内部文化。我并不是说他应该做所有的这些事情，我只是说他能做的不只是进行几次面试，其间提出几个基本问题而已。

我注意到，当我向哈尔提出这些想法时，我们的对话出现了某种模式。就像：

“也许你可以尝试这种想法……”

“哦，那听起来确实不错，但它行不通，因为……”

“嗯，如果你用这种方式……”

“是的，我认为会有效果，但……”

每次我提出在做决定之前收集更多关于雇主信息的想法和建议时，这种模式就会反复出现。我还发现，当与像哈尔这样的人谈话时，如果我总是担任努力想办法让这些想法奏效的角色，那谈话肯定以失败告终。总的来说，直到有问题的这个人全心投入“拥有这个问题并且解决这个问题”（不要指望其他人来承担绞尽脑汁思考的这个责任）时，问题才可能解决。

“那你计划离开现在的公司，”我说，“你确定自己有了做决定所需的所有信息吗？”

哈尔开始点头，然后又停止了。“可能吧，这句话是什么意思？”

“我不知道，你告诉我。你做了什么样的假设？你是基于哪些真实信息做的这个决定？”

当你发现自己身处某个与职业相关的艰难抉择时，你想要确保自己获得了与做出合理、明智决定的所有相关信息，以下是一些我认为会对你有所帮助的问题。

- 哪些信息是我能确定的，我又为什么这么确定？
- 有没有可能说我的确定是错的？
- 哪些信息实际上只是我自己的（有充分依据的）看法？
- 我可以收集什么信息来证实（或否定）我的看法？
- 这些信息最可能在哪里获得？
- 我认识的人中，谁做过类似的决定？我能够从他们那儿学到什么？

罗斯·伯纳尔有十足的把握，决定向 HR 调查专员说出自己的担忧，自己的这种做法是正确的。他也十分确定这是导致自己被裁的直接因素，但他对此却无能为力。

但事实证明，还有很多信息是罗斯不知道的，如果他能暂时抛开自己先入为主的看法，那他可能会了解得更多的信息。罗斯曾经向一些老员工抱怨过，“慷慨激昂”地表达过自己对老板的失望。当有些人想要表达一些不同意见时，他也不愿意倾听，总是打断对方，不停地表达自己的观点，直到对方闭嘴不说。

有两件事情罗斯从来没有听到过。第一，没有人确定 HR 调查专员真的对所有事情保密。有谣言称他从当事人那儿听到的一些细节偶尔会直接报告给公司所有人。没有确凿的证据，只是谣言。第二，有些员工一直为粗暴老板工作了很多年，罗斯从来没有听过他们说看到老板行为和性格中有明显变化。只有很少的几个人知道这是因为他两年前遭受过一次轻度中风。人们并不愿意公开谈论此事，但如果罗斯能更有耐心，更开放，不那么激动的话，肯定会有人告诉他这个信息的。

罗斯不知道的是所有供应商的票据都已经过了公司所有人的批准，他本应该知道。当老板中风痊愈后回到公司，他主动要求实施这项政策，因为他的记忆有时很模糊，不想因此出错。所以，公司所有人才有最终决定跟哪些供应商合作的权力，即使他们的投标价格不是最低的。

怀疑供应商给回扣的整件事情都是罗斯自己在脑子里臆想的。当他向 HR 调查专员说出自己的疑虑时，调查专员将这个信息以及罗斯对老板的所有看法一同报告给了所有人。所有人倾向于保护这位老板，因为老板是一位忠诚的老员工。所有人当然注意到了老板在中风之后行为发生了显著变化，但所有人对老板也很忠诚，决定帮助他渡过难关。罗斯的投诉给所有人留下了狭隘、多疑的印象，在这一点上，所有人决定罗斯应该向别处发展了。

与你分享所有这些细节的意义就是强调，即使你的意见完全基于事实，但仍然可能出错，而且很容易发生。

作者笔记：HR 调查专员直接跟我叙述的这个故事，他本不应该跟我分享。他即将退休，大部分的工作生活都是在这家公司度过的，所以在公司中的最后几年他会过得非常舒适，只要他依然做所有人的“耳目”，这是他们彼此间心照不宣的协议。我无法说这是正确的，但它确实发生了。

莎拉·郎萨姆，不愿再待在家里的这位母亲，她做足了功课：读了几十本书，在网上看了上百篇文章，所有这些都和全职在家照顾孩子对职业所造成的影响有关。在这个话题上，根本不缺意见（过去是，现在还是），双方观点也都有很多事实论据。

全职在家照顾孩子更有利于孩子的情感和智力发展。没有人会像你一样关心你的孩。想要“兼顾”的母亲们，最终结果只能是在工作中不开心，在家里也毫无效率。

事业蒸蒸日上，你会更有自信和保障，除了抚养孩子以外，能够有自己的职业生活，有利于女性的心理、情感和经济健康。这也能促进她成为一个更优秀的母亲。

对于自己的决定莎拉很纠结，与丈夫和其他可以提供意见的人，至少是愿意倾听的人，进行了无数次的谈话。有些人建议她尝试“混合”方式，就是说，她主要是在家照顾孩子，同时也有自己的职业生活。她可以利用自己的电脑专长，成为一名在家用电话提供技术支持的人，但这不是她想要追求的职业道路。她的公司也提供了一个兼职客户服务的职位，但他们想要她在办公室工作（她没有尝试对这条要求进行协商），并且协调她丈夫的工作日程安排很困难。有些人建议她建立一个专门针对女性的技术博客，但她不知道那样如何赚钱，况且她也不擅长写作。

与她交谈过的人都有建议和想法，但似乎没有可行的。所以，莎拉虽然从来没有真正决定过要做一名全职家庭主妇，但随着时间的推移，事情就这么发展下去了。她真心认为没有其他可选项，一年又一年，（凭借之前的水平）重回职场的障碍越来越高。十年没在职场，她就完全放弃了。

“当我再看事情在哪里结束时，我就知道我应该对我的职业保持积极态度。”她现在说，“经济上，我们付出了很大代价，但更重要的是，当我想到自己浪费的潜力时，我就很失望。”莎拉现在确定应该会有同时实现自己两个目标的方式，但她永远不知道那是什么。

穿上巴顿的靴子

乔治·S.巴顿将军（General George S. Patton）因他领导士兵的坚定决心和能力而被人们铭记于心，很多人也认为他是历史上最伟大的军事人物之一。他的军事策略和战术经常会使敌人大吃一惊，他的讲话也经常会鼓舞他的士兵。但经常为世人所忽视的是，巴顿为军队做好作战准备而进行的幕后战斗。国内有政治战争，很多政治家反对美国参战。有资金战斗，有时会意味着巴顿的军队可能会缺少必需的设备和支持。还有和其他将军的战斗，他们认为巴顿就是一个极端自我主义者，不愿意支持他的作战计划。

世界大战中几乎每个重要战斗，巴顿都会受命制定策略，然后指挥军队获得胜利。这也正是他所做的。但是，因为所有的限制，他从来没能制定一个“完美”战略。巴顿的军队里有很多没有经过训练的新士兵，设备不足，不确定敌人所在位置，无法预测天气以及缺少医药用品。

当问到他是如何在缺少资源的情况下制定策略时，巴顿说：“精力充沛地执行一个好方案比 10 分钟之后制定的完美方案的收效要明显得多。”

换句话说，他从来不会因为缺少完美方案而影响行动执行。几十年后，国防部部长唐纳德·拉姆斯菲尔德（Donald Rumsfeld）发言说：“你是与现有的军队参战，而非你理想中的军队。”他因这句话感受到了很大压力，因为有些人将它理解为不愿给予充足资金、支持，也不愿保护军队。但拉姆斯菲尔德的真实想法和巴顿的相似——你不能因为没有“完美”方案而影响行动执行。

当你面对跟职业相关的决定时，你很可能会面对一系列的不完美选择。你首先不应该做的就是逃避做决定，或是投入过多的时间和精力创造出完美结果。

精力充沛地执行一个“足够好的”方案通常比之后执行的完美方案的收效要明显得多，或者永远不会。

很遗憾，莎拉·郎萨姆让自己陷于一个“不完美决定的怪圈”，她一直在聊自己的想法，不停地思考和考虑，从一个不完美想法到另一个不完美想法，从来没有穿上她的靴子，直接进入战场。

巴顿将军可能会说：“该死的，郎萨姆！全副武装起来，着手做技术博客吧！就做一个在家用电话提供技术支持的人！看看到底会发生什么！至少你还执行了某些该死的策略。从成功和失败中获得经验，做出判断，然后继续前进！但，该死的！别只是坐在那儿，左右扭动着屁股抱怨说因为自己的不确定。谁又能对这该死世界里的任何事情确定？现在，穿上你的靴子，行动起来！”

是的，巴顿也因为他“丰富的”语言而出名。

关于如何做最有利于职业发展的决定这一方面，我们对所讲内容做个总结。

- 了解你内心最深处与这个问题相关的情感欲望和需求，确保它们不会蒙蔽你的决策过程。借鉴佛教思想。
- 确保你获得了用以制定合理决定的所有所需信息（没有假设或自我理解）。调动内心的“斯波克”。
- 不要因为缺少“完美”方案而影响行动执行。利用手头信息和资源制订最好的计划，然后采取行动。穿上巴顿的靴子。

但是，即使按照这三项原则行事，也不一定总能保证我们获得成功的结果。你可以先将内心最深处的情感放在一边，保证思路的清晰，尽可能多地收集基于事实的信息，制订切实可行的行动计划，依旧可能会失败。那就问问约瑟夫·霍顿（Joseph Horton）吧。

约瑟夫·霍顿四十出头，是一家制造公司的产品开发副总裁，这家公司的市场目标是青少年和他们的父母。最近一家私募股权投资公司对他们进行了杠杆收购。CEO（从这次收购案中赚了一大笔钱）计划近期退休，约瑟夫决定成为下一任CEO，但有一个竞争对手。市场部副总裁也将自己看作CEO的下一任接班人。

这家私募股权投资公司对这两个人的评价都很高，但他们也清楚地表明他们在寻找一位“具有创新性思维的领导”，带领公司前进。他们想要这位领导不惧怕犯错，愿意带着公司“跳出固有思维模式”。

秉着这种精神，市场部副总裁与迪士尼协商达成了一份协议，公司生产一系列特殊的产品，在所有迪士尼主题公园中销售。约瑟夫刚开始听到提议时，很鄙视这个想法，因为迪士尼对每个出售的产品会收取很高的税，这就是说利润比在别处销售的产品至少要减少一半，而且约瑟夫也认为预计销售量被高估了。

但私募股权投资公司很喜欢这个想法，他们不断谈论着“联合品牌效应”，似乎每个人都喜欢迪士尼。而作为领导整个过程的这个男人，市场部副总裁这颗后起之星上升得非常迅速。

约瑟夫·霍顿需要大赢一场。大胆、与众不同的“壮举”。他从纽约聘请了一个咨询公司，对当前青少年的思维模式做了某些快速的调查研究，如趋势、兴趣、价值观、比较酷的事情等，并且提出具体的营销或产品选择。

咨询公司给乔展示了一份非常详细的分析，暗示着迪士尼这个品牌在青少年中已经不像从前那样火爆了。听到这一点时，他暗自兴奋，但他更满意其他的研究。他们提供了详细的数据，说明了嘻哈文化对全国青少年的影响会有多大。这不仅在城市中流行，而且美国中部郊区的青少年也在追捧嘻哈音乐、时尚和术语。在青少年价值观和生活方式上，嘻哈流行趋势与迪士尼几乎截然相反。

咨询公司不只是提供了他们的意见，所有事情都有深入的研究做支撑。他们提议开发一个具体的产品系列，由几名有代表性的嘻哈明星，如杰斯（Jay-Z）、碧昂丝（Beyoncé）、拉塞尔·西蒙斯（Russell Simmons）担任设计师。虽然这些明星的高额使用费会降低产品利润，但约瑟夫对整个计划都非常兴奋。咨询公司的预计销售量是在市场中其他类似产品的实际销售量的基础上计算得出的，所以约瑟夫确实调动了内心的"斯波克"，而且也非常确定自己的基础很稳固。这就是他想要寻找的——新的、不同的、创新的……而且完全不是迪士尼风格。咨询公司可以快速启动这个项目，因为他们有能够提供联系嘻哈世界艺术家和设计师的捷径。

当约瑟夫把提议递交给私募股权投资公司时，产品开发副总裁当时也在办公室里，很显然他对此兴趣不大。"我不确定这是否是我们的目标群体。"他轻视地说。

"我正尝试扩大我们的目标群体，"乔回复说，"跳出固有思维模式思考。"

私募股权投资公司决定施行这两个提议。很显然，他们锁定的是不同的目标群体，也许这有助于公司得到青少年市场的大部分份额。接下来的 6 个月里，两位副总裁卷入了一场争夺统治地位的无言战争，双方都想战胜彼此。迪士尼对战嘻哈。

乔的优势之一就是有咨询公司的帮助以及他们在嘻哈世界有很多联系人，他能够快速执行和进入市场。他穿上了巴顿的靴子，前进了。

两个提议最终都以惨败收场。

但乔的嘻哈项目先失败了，这让他在公司的职业发展呈现出了盘旋向下的趋势。另外，市场部副总裁与迪士尼高层领导进行了很多次高调活动，邀请了私募股权投资公司的主要领导参加了几次在迪士尼总部进行的会议，当迪士尼项目还在长期发展过程中时，他就被委任 CEO 职位。他们用了两年的时间准备这个项目，但实际销售结果很差。可对于乔来说，一切都太迟了。新上任的 CEO 很轻易地就将责任推卸给了他的下属。

透过夏洛克的眼睛看问题

你看到了，但是没有观察。这两者之间的区别很明显。

——夏洛克·福尔摩斯（Sherlock Holmes），

《波希米亚丑闻》（*A Scandal in Bothemia*）

那么到底是哪里出了问题？两年之后，约瑟夫才开始明白其中的真实情况。原来纽约这家咨询公司与他们推荐给约瑟夫的嘻哈艺术家们是合同关系。在某些情况下，他们与那些艺术家共同拥有品牌公司。本应该是客观、基于事实的咨询调查研究项目，却成为了华而不实的销售演示。他们没有为约瑟夫做任何原始的调研，他们只是重复利用了数据，在向其他潜在客户介绍时也会使用同样数据，他们的目的就是要得到嘻哈品牌和代言协议。

在刚开始的咨询项目上，他们赚了一些钱，拿到了版权首付金。他们推荐了另一家制造商，负责生产一部分特色产品，约瑟夫的公司也能做，但是首次推出产品必须延迟 6 个月，所以，这家制造商又给咨询公司支付了一笔佣金（他们之间有着“特殊的”关系）。

直到几年后，这些事情才逐渐浮出水面，当时约瑟夫正与另一家制造公司进行一次谈话（求职面试），发现他们也经历过几乎同样的过程，而且是与相同的咨询公司。

教训是当涉及做与职业相关的重要决定时，有时你必须先成为一名侦探。不是每个人都能坦诚待你，不是每个人都能想到你的利益。

如果一家公司认为事实可能会打消你想要在此工作的积极性时，他们通常不会告诉你事情的全部，关于他们公司的确凿事实。

有些人会选择性地删掉一些不利于他们自身的信息，有些人会为了实现自己的目标，直接跟你说谎。

所以，成为一名明智的职业决策者，你应该问自己："人们对我隐瞒了什么？其他人提供不太准确的信息的动机是什么？哪里可能出错？最差的结果可能是什么？"

"你这该死的家伙！"哈尔说，但至少他笑了。他越多地思考自己当前的事业发展处境，就越清楚地认识到让他离开大平原媒体的真实因素就是尴尬。当涉及传统的印刷产品时，他早已习惯了成为办公室里最有能力的人，这种新环境有时会让他觉得……信心不足。

在一家传统的印刷公司，哈尔有一个暂时性的工作机会，似乎非常适合他。"似乎"是关键词。哈尔同意说自己需要多像夏洛克一样，在做决定之前多收集关于公司的其他一些信息。他也赞同，他需要多收集关于当前工作的信息——他自认为公司对他很失望，根本不介意他的离开。但所有这些都是假设，他真的需要与一些人发内心地谈谈，看看他们对他在公司的未来的想法。

然后我要求他穿上巴顿的靴子，想象不管他选择哪条路，都不会完美，不管怎样，他都必须处理那些棘手的问题。如果是这种情况，每条路都代表着挑战、坎坷和失望，那么，他想让这条路最终带他走向哪里？对于传统的印刷公司或数字印刷生产的新世界来说，一个"新世界"的决定不一定意味着他应该待在大平原，但它能够帮助他决定自己是否应该接受那个工作邀请。

两年很快过去了，哈尔依旧在大平原媒体工作，他参加了一些正规的培训和领导力发展工作，现在他比任何时候都喜欢自己的工作，实际上自己喜欢和这么多“傻小子们”一起工作，他这样称呼他们。

开始思考

你是否做过一些跟职业相关的重要决定，但它并没有像计划中的那样发展？如果有，回想一下本章中的信息，问问自己你是否在决策制定过程能思考得更深入一些？我们列出的过程中，哪些具体部分对你最有帮助：

- 佛陀。
- 斯波克。
- 巴顿。
- 夏洛克。

在未来，当一个具有职业影响力的决定可能会非常重要时，要意识到你应该花些时间回顾本章内容，然后在仔细思考所有选择。

尽快行动

本章为重大决定而设计，你可以先将这些思维模式应用到日常的小决定中，为处理未来的重大决定充分做准备。

更多内容，请登录 www.workplacepoker. com/decision-making/网站。

长期的想法和行动要点

无论何时面对影响职业的重大决定，都要花些时间进行更深入的思考，得到最可能加速你职业发展的结论。

- 了解你内心最深处与这个问题相关的情感欲望和需求，确保它们不会蒙蔽你的决策过程。借鉴佛教思想。
- 确保你获得了用以制定合理决定的所有所需信息（没有假设或自我理解）。调动内心的斯波克。
- 不要因为缺少“完美”方案而影响行动执行。利用手头信息和资源制订最好的计划，然后采取行动。穿上巴顿的靴子。
- 如果他人参与到你的决策过程中，认真倾听和观察。不要只接受有表面价值的信息。透过夏洛克的眼睛看问题。

第 9 章

就像一只橡胶猫

我回来了，在阳光下我意识到，速度快者不一定赢得比赛，强者不一定在战斗中胜利，正如智者不一定获得物质，知识渊博者不一定会得到金钱，有技能的人也不一定能获得上天的偏袒。但时间和机会永远会留给这些人。

——《传道书》(*Ecclesiastes*)

世事无常。

——不来自《传道书》

在你的职业生涯中总会有这么一天，你突然失业了，或你参与的项目惨遭失败，或你了解到一位你非常信任的同事从背后捅了你一刀，或发生了其他非常糟糕的事情。即使你在职业生涯中已经经历了很多可怕的事情，还是要准备面对更多的挫折。因为工作努力的人会被辞退；好的公司会倒闭；应得的奖金突然被取消；同事变得尖酸刻薄，但……你的事业还在继续。没有击败你的事情都会让你变得更强大。除非你一败涂地。

只要我有可以和非常成功的人进行深入交谈的机会，我都会问他们，他们在职业生涯中所经历过的困难时期、最艰难的时刻以及他们是如何恢复的。当对方想不出任何遇到过的重要的事业困难期时，我一般都会在他们的酒水中“不小心”放些“氯胺酮”①，快速结束对话。因为我觉得这样的谈话很无聊，让我感觉有些不耐烦。

我很认真地说，在职业生涯中遇到过重大困难的人要比那些事业成功、一帆风顺的人要有趣得多。事实证明，我交谈过的大多数超级成功的人都有着非常有趣的人生，而且他们的人生布满了各种荆棘。

“我像一只橡胶猫一样。”世界 500 强公司的一位总裁告诉我。他跟我讲述了他所经历的一系列可能会就此结束他的职业生涯的商业上的失败和失误，“我至少有九条命，因为我总是能迅速恢复，再次站起来。”

当然，向别人讲述恢复过程很容易，但是当糟糕的事情真的发生时，大多人不知道应该做什么。有时，我们会措手不及，无法冷静地思考。我遇到过一个由 20 个人组成的小群体，他们都刚刚被公司辞退。多数人的职业即将圆满结束（意思是他们已经快要退休了），对于突如其来的失业，他们感觉非常诧异。公司付钱对他们进行“转型培训”，当然这只是委婉的说法，其实就是帮

① 一种基本药物，可用于麻醉。

助他们制作简历，寻找新工作。帮助这个群体的是一个团队，我也是其中的一位成员。在我们的第一次会议上，我注意到这 20 个人里，有一半的人处于放空状态。此时距他们收到辞退消息已经一周了。

主动发言的那些人，大部分精力都放在抱怨公司和整件事情的不公平上。有几个人说要起诉公司，一位女士开始哭泣。一个人，只有一个人，全神贯注地重写简历，更新领英资料，寻找社交活动，学习职位搜索的过程，寻找哪里可以提高计算机技能。只有一个人。但是，很多人（不是所有人）最终都找到了工作，你认为谁最先被裁？谁找到了薪资水平更高的工作，不用为了敲定工作而妥协？是的，就是唯一的那个人。快速从惊讶的情绪中走出来，转向大量行动的人！

当职业生涯中有非常糟糕的事情发生时，管理自己的心理状态和情绪状态可能是最关键的任务。是的，我知道这说起来容易做起来难。当陷入职业困境时，很多人的第一反应是吃惊和呆滞：不确定应该做什么，感觉困惑和不确定，经常会花很大一部分时间在拒绝、沉思和绝望的讨价还价上，有时还会惊慌失措。大多数人等待很长时间才开始行动，并且采取的行动也远远不够。然后，当尝试做的事情没有效果时，他们又开始停滞不前，重新陷入诧异、多虑和呆滞的情绪中。

打自己一下，开始向前冲

研究人员发现，即使在发生自然灾害的情况下，大多数人也会延迟反应，而且有惰性（“不用慌张，伙计们……”），这些人的实际死亡率要更高。幸存者是那些快速地、有针对性地并且大量地采取行动的人。

凯西·爱丁顿（Cassie Eddington）是一名 85 岁的独自居住的寡妇。她在早晨五点半起床时闻到了一股奇怪的气味。没过几分钟，她就意识到这是氯气的气味。“我从厨房的窗户向外望去，看到了一团白色气体。”她说。凯西的屋子单独位于山谷脚下，所以她知道，不管白烟来自哪里，它都会向下移动，渐渐地靠近她家。“气味很快散开，我知道我必须赶快离开那里。”凯西迅速用冷水浸湿了一块毛巾，捂住鼻子，抱起她的猫，拿上车钥匙，准备开车去更高的地方。

“当我开门想要出去的时候，氯气迎面向我扑来。气体刺激了我的眼睛，我几乎都想退回来，但是谢天谢地，我没有。”她说。凯西知道有一条可以快速到达附近的最高地的捷径，几分钟后，她完全脱离了氯气环境。猫很不耐烦，“喵喵”叫个不停，眼睛水汪汪的，因为氯气的刺激而疼痛，但她俩都很安全。

不到一小时，救援队就到了。这个事件之所以会发生，是因为在半英里（1英里=1609.344 米）远的位置，有一辆装满液态氯气的轨道车翻车了。幸运的是，液体泄漏的地点相对较偏僻，因此毒蒸汽只是弥漫在山谷里。但不幸的是，凯西的几个邻居在这次事故中去世了。一对退休的夫妇被发现时正蜷缩在地下室的角落里。很显然，他们想用湿毛巾封住门缝，将地下室隔绝起来；另一位女性在她的地下室里被找到；一位男性和他的狗待在卫生间里，花洒仍在流水。所有人都尝试用湿毛巾封住门缝和窗户缝，把自己隔绝起来。所有人都死了。

凯西对危机的反应——快速、坚决地采取行动——不太常见，但她因此得救了。丧生者应对危机的方式和大多数人的一样——犹豫、退缩、混乱。

推迟对灾难进行积极反应的趋势和突然失去工作或经历其他职业挫折的人紧密相关。通常，他们会“冷冻”几天，几周，有时甚至几个月。但幸存下来并且蓬勃发展的人就是那些快速采取行动的人。

所以，当职业灾难突然袭来时，问自己的第一个问题应该是：我能够做什么？一个微妙的要点就是不要以你应该做什么开始，而是以你能够做的所有可能性开始。

你应该清楚地、有意识地对所有可能的行动进行全面思考。你是否可以改变、调整或影响这件事？在那些存在很多种可能行动的情况下，快速评估你的可选项，采取大量行动，保持积极态度，设定具体目标。如果行动失败了，从中吸取经验教训，然后尝试另一种行动。如果还不成功，总结更多经验，再尝试另一种。

只要你知道自己可以以积极的方式影响整个负面事件，你就要坚持以行动为导向。而且，你的行动应该是：

- 快速的。
- 有针对性的。
- 大量的。

当风暴慢慢来临

有时，困境会突然出现在我们面前，有时它只是悄悄地跟在我们身后，逐渐吸走周围所有的氧气。我们不会马上察觉出，直到呼吸艰难的时候，我们几乎都要昏倒了。

布莱恩·西斯内罗斯（Brian Cisneros）就是一个非常典型的例子，困境逐渐将他包围，最终压得他喘不过气来。布莱恩是一名办公用品公司的销售员，他所在的公司位于卡罗莱纳州南部的查尔斯顿。这是他大学毕业后的第一份全职工作，尽管布莱恩在销售策略或技巧上没有经过任何正规的培训，但他的表现很优秀。他本来就是一个外向的人，并且他认为自己的工作基本就是与所有客户保持良好关系，这对他来说很容易。所以他认为，其他销售培训对他来说并没有什么意义。“坦白讲，‘销售培训’这个词对我来说都有点儿恶心。”布莱恩说。

新婚后，妻子和他想要住得离海边近些，但是那些地段的房价肯定非常高。他们买了一栋小房子，步行就能到富丽海滩；尽管他们两个人还在还大学的贷款，资金很紧张，但他们仍然很开心。

他们开始在家做小生意，销售营养品和减肥产品，希望能够赚些外快以贴补住房消费。因为布莱恩是“天生的销售员”，这对他来说似乎是个不错的选择。他们投入了几千美元，购买产品、宣传册和其他推销材料，但大多数库存只是存放在洗衣室里。

此外，布莱恩的几个办公设备方面的大客户又转移到了竞争对手那边，这在经济上又给了他们沉重一击，所以他们对花钱要更加仔细。布莱恩知道自己的车需要进行修理，但是他一直拖着，终于有一天，在去做销售展示的路上，车子抛锚了。

拖车和修理的费用远远高于正常维修的费用。修理工提到，他应该更换轮胎了，因为轮胎已经磨损得很薄了，但是布莱恩决定等下次发工资的时候再换。发工资的时间到了，但是他依然没有换轮胎。可想而知，他的轮胎在停车场中瘪了。布莱恩早晨总是要花很长时间才能启动汽车，所以在很多销售展示上，他都迟到了。

不仅仅是车。“我感觉我没有喘气的机会。”布莱恩说。其他问题逐渐堆积起来。有些支票被退回来了，他必须花时间处理这个问题。他忘记支付一些账单，所以会收到债主的骚扰电话。他努力工作，为了弥补失去客户所造成的损失。他没有时间锻炼，并且更多的时间，他都在车里吃饭，所以，他的体重上升了。

“我想事情大概在两年里变得越来越糟，一周又一周。”他说，“但感觉就像一辈子那么长。”在这两年里，布莱恩增重了40磅（约18千克），经理给了他不少压力，要求他赢回那两个大客户，他几乎没有时间待在海边。

经过漫长一天的工作后，布莱恩回到家里，妻子宣布自己怀孕了。她很希望看到丈夫愉快和激动的反应，但他却出奇的沉默。“加上其他所有发生的事情，就像我好像被推到了忍无可忍的地步。”他说，“我们负担不起再养一个孩子。”之后的两天，布莱恩更早地出门工作，在办公室里待的时间更长，不是因为他工作量大，而是他逃避回家，逃避任何有关怀孕的话题。他的反应就像面对自然灾害的常见反应：拒绝、不知所措、逃避现实。（“这不是真的。”）

最终，布莱恩和妻子爆发了一场争吵，她威胁要打掉孩子、离开他。几天后，当他认为自己的生活已经跌入谷底时，经理告诉他，他现在被转入“试用期”，如果在之后的3个月无法提高销售量，他可能会失去工作。

转入“试用期”的那天傍晚，布莱恩坐在沙滩上，不敢回家，不知道该如何告诉妻子他可能会失业。“我感觉有些头晕，我想要弄清楚我该做什么。”他说。在坐在那儿的时候，布莱恩在脑中罗列了自己能做的所有事情，但是并没有一个特别好的想法。他不太确定自己是应该放手去提高销售量，还是应该开始寻找新工作。他已经在很努力地推销更多产品了，似乎不太可能再努力了。

经理建议他参加销售培训研讨会，那似乎是见效慢的解决方案，但是布莱恩现在就需要出成果。在无法证明自己在之前公司的销售业绩突出的情况下，布莱恩很难面试其他公司的销售职位。而且，在面试之前，他应该先减肥。他应该更努力地推销营养品，因为它们正在洗衣室里落灰。或者，他们应该搬离海边以节约钱。他可以卖掉那辆坏了一个轮胎的汽车，夫妻俩开一辆车。

最终，他不得不回家，把一切告诉妻子。她当然很惊讶、很害怕，但至少没有生气，这一点让布莱恩很感激。惊慌终于开始激励他们关注于行动。他们知道有些事情必须改变，所以他们坐下来，列出了所有可以做的事情。我不会和你分享整个列表，因为有好几页纸，但是其中可行的行动包括：

- 卖掉海边的房子，搬进公寓（两个人都不想这么做）。
- 完善他的简历，主动寻找新工作。
- 把怀孕的事情告诉布莱恩的经理。也许经理会同情他们，这可能会为他们争取一点时间（布莱恩讨厌这个想法）。
- 参加销售培训课程（啊，这个想法他也讨厌）。
- 卖掉布莱恩的车，夫妻俩勉强用一辆车。
- 花更多的时间销售营养品。
- 开始健康饮食（两个人都是），开始锻炼身体（布莱恩）。

在他们开始决定采取哪些行动时，布莱恩很明显地想要避免其中两条：卖掉房子和接受销售培训。卖掉房子感觉像承认失败；参加销售培训感觉像承认自己不善于自己的工作。但是，在他们浏览这些内容时，妻子很严肃地看着他，说："我们必须全部都做。"

他们确实做到了——大量的行动。

事实上，我就是在他参加的一个销售培训研讨会上遇到的他，我是那场会议的引导。参加销售培训研讨会对他来说并不容易，因为他总是一副委屈的样子，不认为自己能够学到什么。他天生不善于交谈，也不是好的提问者和倾听者。他的思考过程不是很有条理他也不具有战略性思维。所以，他必须努力为自己的销售活动制定一套更系统的策略。值得称赞的是，他接受了这种观点，并且在工作中立刻应用了新技能。

他们卖掉了房子，这在很大程度上消除了短期的经济压力，他们还用其中一部分收入给布莱恩买了一辆更新的车，因为老车的维修费用会在经济上要了他们的命。他开始关注自己的健康，不仅吃得更健康，还在每天早晨锻炼。

分享布莱恩的故事是想告诉你，通过采取大量的行动，他和妻子最终扭转了他们的经济困境，继而摆脱了婚姻窘境。经理给了他多一些的喘息机会，在5个月内，布莱恩获得了一份新的销售工作，不仅薪资更高，日程安排也比以前有规律。

“我唯一后悔的是，”布莱恩最近跟我说，“我居然等了那么久。早在一两年前，我就应该采取那些相同的行动。”

惊慌能够成为你的朋友

如果你发现自己没有遇到过任何重大的负面职业问题，那么只是出现一点点往错误方向发展的趋势，你可能会想激起一些正面的惊慌。关注最糟糕的情况，最糟糕能到什么程度，将自己置身于所有可能出现的负面结果中。说明一点，在只有你的惊慌感能激励你采取了行动时，我才建议你这么做。如果完全准备好前进了，那你就不需要再打击自己。

当决定要以行动为导向时，你最好先试着列出你能想到的所有可能的行动，然后选择那些最可能让你获得结果的行动，但是也要保留其他可选行动。这种做法的效果很明显，因为它强调了你对当前局面有控制权，你有选择，有很多选择。对于采取哪些行动，你可以做一个理性的、客观的决定，如果有需要，你要有其他备选项也可供你选择。

“如果我们只是卖了房子，而没有做其他事情。”布莱恩告诉我说，“那就像出于绝望而采取的行动。”但是因为他们采取了大量的行动，做了很多其他的改变，卖房子就像计划中的一部分、前进中的一个过程。

当然，不是你努力的所有事情都会成功。如果一个行动没能让你得到想要的结果，尽快尝试另一个行动。从错误中吸取经验教训，但避免过度思考。如果你将太多的时间和精力放在分析某些行动不成功的原因上，那你就会失去行动势头。

你无法解决疯狂的问题

希瑟·麦克亚当斯（Heather McAdams）是一家广告公司的市场部经理，她所在的公司在洛杉矶、纽约、亚特兰大和明尼阿波里斯都有办事处。她在明尼阿波里斯工作，是直接向市场总监报告的四个经理之一，市场总监在纽约办事处工作。公司发展得很迅速，主要是因为其中一位合伙人——劳尔·托马（Raul Toma）以创新著称，他是一个非常耀眼、极其有才能但是高傲得令人讨厌的人。

劳尔每周都会从一个办事处飞往另一个办事处（周二去洛杉矶，周三去亚特兰大等），将自己的才能“赐予”每个办事处的创意人员。因为他频繁出差，所以公司为他租了一架飞机，经常与他一同出差的是两只黑色的大型比特犬——洛克（Rocco）和鲁弗斯（Rufus）。劳尔不管去哪里，都能吸引别人的目光，因为他梳着长长的黑色马尾辫，文着毛利人文身，再加上两条黑色比特犬跟着他。他很高，但是有流言称他为了让自己看起来更高，在黑色靴子里放了增高垫。

希瑟在公司里工作了六个多月，在多次劳尔对当前项目的创意工作进行审查的会议上，她都在场。劳尔的比特犬总是会卧在会议室的角落里，那里有专门为它们准备的垫子。每个办事处都有专门的一位员工确保它们有一大碗水（过滤水，不是自来水）和有机不含谷类的狗粮。但是没有人可以喂它们，除了劳尔。

在创意审查会议上，劳尔在提出批评时语言粗鲁，经常把“这就是一坨屎！”挂在嘴边，那似乎是他的口头禅。一位实习生曾说如果有一天能穿着印有“这是一坨屎”的 T 恤来上班，那一定会是一件很有趣的事情。但是第二天他就永远离开公司了。

几乎每个人都已经学会在这些会议上存活下来方法：闭嘴，做笔记，同意劳尔的观点，永远不要否定他的任何一个想法。很显然，希瑟并不知道这条“真理”。

有一次，她坐在创意审查会议上，看到劳尔否定了很多非常好的概念，然后提出他自己的一个想法，当然，他自认为很“独特并且很有吸引力”（他的原话）。希瑟认为这个想法跟几周前提交给劳尔的一个想法非常相似，当时他的反应是……你应该能猜到……“这就是一坨屎！”希瑟有不同意见，这本来没什么关系，但是她却没有就此打住。

“这似乎和三周前我们向你提出的那个概念很相似。”希瑟说，“你当时认为它就是一坨屎。那么什么改变了？”她的语气很真诚，没有一丝尖酸刻薄的态度。专业、彬彬有礼，不带有任何批评的性质。但是那一点不重要。

会议室里鸦雀无声，只有几个人敢直接看着保罗，但几乎每个人都在想“哦，我的天呐！”除了希瑟，她面带着好奇，等待着劳尔的回答。

劳尔冲着希瑟笑笑：“或许你是对的。”然后只是继续审核下一个创意项目，并没有回答她的问题。

会议结束后，所有人陆续回到他们的办公室或小隔间，继续漫长的一天的工作。很多封邮件和短信被大家发来发去，谈论希瑟的问题和劳尔的反应。几乎所有的这些消息都是通过私人手机和平板电脑发送到私人收件箱。因为公司非常担心创意知识产权的泄露问题，所以每个人都知道公司的电脑和移动设备处于严格监控中。

对于大家在网上的大多数聊天，希瑟都不知道，因为她正在做一个大项目，时间非常紧迫。而且大多数时间她都把自己的手机放在钱包里，这样在工作时间，她就不会被非工作邮件和电话打扰了。

下午六点时，办公室里很安静，大多数人都回家了或是去了一楼的伪爱尔兰酒吧。但希瑟至少又工作了三十分钟，然后才关上电脑，准备回家。她走出办公室，拐弯走到了一条很长的走廊里，这条走廊几乎横跨整栋大楼，然后看到劳尔和他的两个“跟班”在走廊的另一头。她有些犹豫，因为她不想和劳尔同时到达电梯那儿。但他们已经看到了彼此，所以她不可能就这么掉头走掉。她决定放慢脚步，如果他们同时走到电梯口，她准备假装有东西落在办公室。他肯定不会相信，但她不在乎。

接下来发生的事情，希瑟可以像电影中的慢动作一样叙述。“我脑子反应了好一会儿才明白发生了什么，他的狗从走廊另一头向我冲来。”她说，“刚开始我站在那一动不动，不相信眼前的情景。当我意识到那是真的，一切都已经晚了。”

两条黑色比特犬向她冲来，狂吠。它们的动作太快了，她几乎没有时间逃跑。那两条狗跳到她的背上，将她压倒在地面上。她尖叫着，但办公室里没有一个人能听到她的喊叫，除了劳尔。

希瑟平躺在地板上，脸被压到了地毯里，她的钱包和其他东西散落了一地，两只狗的前脚都压在了她的背上，将她按在地板上。它们没有叫，也没有咬，很显然只是想把她按在地上。

“洛克！鲁弗斯！回来！”劳尔一边向她走来，一边喊着自己的狗。他没有跑，只是在走。他没有训斥它们，只是给它们下了一个命令，然后它们退回来了。

“非常抱歉。”他道歉，但是语气里没有一丝歉意。劳尔俯下身拉希瑟起来，她没有反抗。但是当意识到刚刚发生的事情后，希瑟拒绝了保罗的帮助。“它们有时有自己的想法。”然后他抓着它们的链子，和他的“孩子们”朝电梯走去，没有说一句话，也没有回头。

希瑟浑身颤抖，收拾了自己的东西，摇晃着站了起来。她没有受伤，但当听到电梯门关上的声音，劳尔和他的两条狗向下而去时，她开始大哭起来。“我不记得有什么比它们冲向我更可怕的事情了。”她说。当然，没有目击者，没有外伤，她对此无能为力。她知道公司里的事情是如何运作的，即使她向 HR 投诉，事情也不会有任何改变，但是她可能会因此付出代价，所以她什么也没做。

于个人，疯狂很少见；但在群体、党派、国家和时代中，这就是规则。

——弗里德里希·尼采（Friedrich Nietzsche）

希瑟将这次的事情告诉了几个私人朋友，并没有对同事说。几天后，她认为这件事已经过去了。但接下来的一周，当劳尔回到办公室，进行另一次创意审查会议时，当她看到他的狗进到房间里、卧到垫子上时，她愣住了。劳尔直接看着她的眼睛，当看到希瑟惊慌的表情时，他笑了。

“我根本不可能再在那里工作了。但是直接辞职的话，我负担不起那后果。”希瑟说，“而且我讨厌‘离开’这个想法，因为这感觉像他赢了，他得到了他想要的结果。”希瑟最终还是找到了另一份工作，比之前的薪水要低，职业发展潜力也不大，但她很开心离开了那里。

即使几年过去了，整件事情的不公平仍会让希瑟感觉不舒服。“我必须很小心地讲述这个故事，因为我很容易被这件事激怒。”她说，“这种感觉就像我的事业遭受了打击，我仍然没有完全恢复。”

任何有关工作困境的讨论都必须承认一点，有时糟糕的经历是真的很糟糕。根本不存在深刻的生活道理，也没有“内心的旅行”来让你成为一个更优秀的人。你无能为力，只能承认它不过是丢在你身上的一块生活垃圾而已。

当你无能为力时，应该做什么?

“我起码能控制一件事，”汤姆·奇乔内（Tom Ciccione）告诉我，“就是我的思想。生活可以搞砸我的工作、我的存款、我的任何东西，但它无法打败我的思想，除了我自己。”当你听到汤姆是一位成功的拳击倡导者时，你就不会感到惊讶了。他曾经做过几年的拳击手，总是喜欢向别人展示到现在还有一点儿歪的鼻子。“如果跟着我的鼻子走，我会来回转圈。”他笑着说。

曾经有人偷过汤姆的钱。“好几百万。”他说。

曾经有人骗过汤姆。“因为他们没有勇气告诉我残酷的事实。”他说。

汤姆曾经患过癌症——三次。“去你妈的癌症!”他说。

从某种程度上说，汤姆是一个极端例子，他决定自己选择对人和事的情绪反应，而不只是单纯地对困难局面做出自然反应。

大多数人都只是“情绪回声”，他们的感觉只是对生活中发生的事情做出的反应。当有人对他们不友好或粗鲁，他们会生气或受伤；当有人取笑他们，他们会感觉尴尬（受伤和生气）；当他们突然失去工作，他们会感觉悲伤、尴尬和恐惧。

唱出情绪曲子

当坏事情发生时，情绪回声感觉很糟糕。这合情合理，不是吗？只有傻子才会对坏事情的发生感觉良好，对吧?

按照我的经验，最成功的职场人士会有不同的看法。当他们无法控制事情的发生时，当不存在“大量的”可行性行动时，或者甚至任何行动都无济于事时，这些人仍然知道他们至少能掌控两件事情：他们看待这件事情的视角及他们的情绪反应。

这些人会自问“什么样的情绪反应对我最有利”，然后他们会调整自己的视角以实现那样的反应。这些人的情绪反应是曲子，而非回声。他们会选择情绪“歌曲”，在对事件做出反应时歌唱。我知道这听起来似乎有点儿不切实际。在汤姆的例子中，在他对癌症的回应里，有一首叫“去你妈的癌症”的“情绪曲子”。

当你选择用自己的情绪曲子回应时，这就意味着你承认自己有力量、有自由、有能力去选择对所发生事情的情绪反应。你所处的环境无法控制你自身的感觉。事实上，它的对立面才是正确的：在对所有环境的情绪反应上，你有绝对的控制权，你可以选择性地利用你身上发生的事情，即使最可怕的负面事件，然后改造它们，就像将积木摆成你想要的形状。

为了改变情绪反应，你应该如何调整自己的视角？可以通过改变你问自己的问题来实现。不要问“为什么是我？”你可以问“我如何在这件事情中实现成长？”不要问“老天为什么要让这样的事情发生？”你可以问“老天想让我从中学到什么？”不要问“他们怎么能这么残忍？”你可以问“我如何帮助遭遇同样痛苦的人？”

想想你崇拜的某个人，想想他可能会对某一情况做出的不同反应，这有助于你调整自己的情绪反应。我必须承认，偶尔当感觉某个特定的人或情况在情绪上把我打倒时，我总会想汤姆·奇乔内的“去你妈的癌症”，想象一下他会如何反应。我还会想想在我职业生涯中崇拜的某个人，问问自己那个人会对这种情况做出何种反应。

这个简单的技巧的迷人之处在于，它会告诉我的大脑：你能有很多种不同且合理的反应方式。这也有助于我调整自己的情绪反应。

有时，将你自己的情况和其他人遇到更大困难进行比较和对比也能起作用。我还记得有一天晚上，我向妻子抱怨，一位同事因一个大项目受到了上司的赞赏，但我才是做大部分工作的那个人。她很理解我的感受，然后提到了一个她早些时候看过的故事：一位女性每天都要去当地垃圾坑里为孩子们与野狗抢食物。“但我知道你也很痛苦。”妻子说。我猜她的这句话里带着些讽刺，但它确实改变了我的情绪。

所有这些技巧都不是万能的。坚持以积极情绪来面对不利情况，要培养这样的能力并不容易。而且我发现，形成这种能力的最佳方式就是一步一步地从你的日常活动开始。从你对自己讨厌的同事的反应入手，或是有时比较严厉或粗鲁的老板，或是生活中其他具有讨厌性格的人。

你已经了解了自己自然的情绪反应，问问自己如何以不同方式回应对方。你尊重的人是否可能会对这些情况有不同的反应？说明一点，我不是要求你对遇见问题的这个人的烦人的、粗鲁的、令人失望或其他性格视而不见。你可以承认这个人的性格讨厌，但是同时，你应该选择一个更有利于你的情绪反应来回应那些讨厌的性格。

在这些时候，我总会用温迪·马斯的一句话来安慰自己——温迪是青少年小说和儿童图书的作者——“时刻保持友好。你遇到的每个人都身处于你不知道的‘战斗’中。”这句话会提醒我，我遇到的所有人的身上，总会上演着很多我永远不会知道的故事。

面对偶尔会让你觉得讨厌的人时，你应该有意识地选择自己对他们的情绪反应。培养自己在这方面的能力，也是为你面对几乎可能会影响你所有职业的重大困难做充分准备。

最大的战争可能在你的脑袋里

贾斯汀·斯图尔特（Justine Stuart）做营销工作至少做了15年，她最大的优势就是可以做大型展示。她在直接客户销售职位上做得很成功，然后升职到了市场部门。只要他们做大型展示，她都会成为不二人选。最后，公司要求贾斯汀承担所有大型行业展会中的产品展示任务，她正式的职位头衔被改为公司和产品 “首席宣传官”。

在因个人天赋而促进职业快速发展上，贾斯汀是个很好的例子。没有人做大型展示做得像贾斯汀那样成功。她对技术产品的细节了如指掌，而且也知道如何以清晰、直白的方式传递复杂信息。她身材苗条，富有吸引力，这一点也有帮助。而且因为有幽默感，在讲述产品的独特好处的过程中，她可以给观众带来笑声，让他们享受这场“表演”。贾斯汀喜欢自己的工作和同事，她的职业前途也似乎一片光明。

但滑雪时的一场意外让她腰部以下瘫痪了。

贾斯汀天生就是个乐天派，她决定让自己完全康复。即使医生暗示腿部功能恢复的可能性为零，但她还是坚持接受专业的理疗，努力让腿部功能恢复一些。但是，这并不是意志、决心或态度能解决的问题。她最终还是接受了余生要在轮椅上度过的事实。

漫长的康复过程让她心力交瘁，但她最终还是在同事的欢迎中回到了公司。每个人都非常支持她，他们清楚说明不管怎样，她应该继续做首席宣传官。过去她站着做的事情，现在在轮椅上仍然可以做。

贾斯汀很感激公司的支持和善意，但她也讨厌这样的态度。“我可以从他们的眼睛中看到怜悯。”她说，“我很讨厌这种怜悯。”一想到如果自己坐在轮椅上进行展示，观众会给予同样的怜悯，她就无法忍受。她先是休假，然后辞职。

同事想要与她保持联系，贾斯汀对此视而不见，因为她发现与之前不认识自己的人打交道更让她觉得舒服。“我感觉与只认识在轮椅上的我的人交往起来更舒服，”她说，“因为我从来不会在他们的眼睛里看到那种怜悯。”

贾斯汀最终选择了某家技术系统公司的在家进行电话销售的职位。虽然薪水不高，但是与不知道她身体缺陷的人聊天，让她很开心。“当他们对我态度粗鲁时，我甚至还有些高兴。”她说，“因为他们的粗鲁很真实，很正常！”

贾斯汀的情况很极端，由于一次惨痛的意外，她的职业生涯就此停止。但她的故事对我们很有帮助，因为在那场改变命运的意外之后，她的情绪回声很自然，也很正常。她讨厌同事的怜悯，她离开了那个让自己不舒服的环境。很多人本应该表现出同样的反应。

“但慢慢地，我明白了我为什么那么讨厌同事眼中流露出的怜悯了。”她说，“我怜悯我自己，但我不愿意承认。”我在想，是否会有人说贾斯汀不值得哪怕是一丁点儿的自我怜悯。但是最重要的问题并不是这种情绪是否合理，而是这种情绪是否有利于她。对于贾斯汀的例子，她的情绪回声一定对她不利。

贾斯汀渐渐喜欢上了电话销售的工作，但是很明显，她的能力不止于此。她为自己打造了一个舒适的世界，不愿走出来。“但是有一天，我似乎有些了解人们为什么会对我那样的反应。”她现在说，“我意识到是因为他们感觉不舒服，不知道该做什么或说什么。我当时应该察觉出他们的不舒服。”贾斯汀在情绪上接受了自己在轮椅上的新生活，她的心情很平静，她开始考虑回到她原来的工作岗位的可能性。“我意识到，我与更成功的事业之间的障碍恰恰就是我自己的情绪反应。”

当她开始更多考虑帮助他人消除在自己身边时感到的不适，而不只关注于他人要让自己感觉更舒服时，贾斯汀的情绪发生了重大转变。“那种转变让一切都不一样了。”她说。而且，现在她又成了公司的首席宣传官，在全国的展会上做大型展示。

有时我们是自我制造麻烦

乔·特莫拉（Joe Temora）就是一个自我制造麻烦的例子。他是一个典型的特氟龙犀牛型销售人员，他能在电话中预约与潜在客户见面，与他们保持密切关系。他有自己的生意，有在亚利桑那州销售带有专利的家用净水系统的独家许可证。即使产品的生产基地在中国，但是乔仍然可以用任何方式推销他们的产品。他把生活在菲尼克斯和斯科茨代尔的退休夫妇作为自己的目标销售群体，把自己大部分的销售精力放在了他们身上。“我把退休夫妇定为销售对象的原因和杰西·詹姆斯[①]抢银行的原因一样。”他说，“他们有钱。”

此外，乔发现与退休夫妇预约在家里见面会更容易，对于他来说，他们是很容易推销的对象。他的主动进攻式的风格，饮用净化水有利于延年益寿的故事和一份当地自来水中可能存在的致癌物质的列表（未经证实），所有这些都降低了他的销售难度。“我无法把冰块推销给爱斯基摩人，但我肯定能把昂贵的水推销给老年人。”他笑着说。

有一天，乔接到了一对退休夫妇打来的电话，他们想要乔做一个销售介绍，说是之前的一位客户向他们推荐的乔。这本应该引起乔的怀疑，因为5年来，客户从来没有向他推荐过其他客户。之前的客户之所以联系他，一般都是投诉

① 杰西·詹姆斯（1847年9月5日—1882年4月3日）在美国是一位尽人皆知的传奇人物，曾是美国强盗也是詹氏-杨格团伙最有名的成员。专门抢劫共和政府保护下的公司和有钱人。

高压销售策略并且要求退款。犀牛乔大步昂扬地去了，为这对退休夫妇献上了一场标准的销售“演说”。当他们拒绝立刻做决定时，他拿出了自己所有的精彩故事，甚至凭空编造了几个。最后他们被打动了，下了订单，乔又为自己增添了一个“胜利勋章”和一笔可观的佣金。

然而，一周后的一个晚上，乔开始接到朋友的电话，说他们刚刚看到乔上了电视新闻。原来，这对退休夫妇一直为当地的一位新闻调查记者工作，他们的家里装有很多隐蔽摄像头，它们记录了所有与乔进行的互动。

乔的故事（谎言）就这么赤裸裸地被全世界看到了，至少是菲尼克斯和斯科茨代尔当地电视台覆盖的地方。而且记者还对乔的净化系统进行了分析，结果显示这个系统和从沃尔玛买的没有什么区别，而沃尔玛里的净水系统的价格只是乔的系统的十分之一。最终，州检察长介入调查，起诉了乔的公司，而乔本人也被起诉欺骗消费者。不到 6 个月，乔就破产了，身无分文，声名狼藉。他不仅在菲尼克斯和斯科茨代尔都找不到工作，而且无法逃避牢狱之灾。

乔 · 特莫拉第一次在当地电视新闻里出现的那个早上，他待在家里一整天，没有听任何手机或座机里打来的电话。他害怕、羞愧，同时又很震惊。在当地电视台里以一个油嘴滑舌的骗子的形象出现，永远不是什么好事。对于乔来说，这就是人生的谷底。特别是他在菲尼克斯长大，他的大部分家人都在这里生活，一天之后，所有人都会知道。所有人。“那天早晨，我差点儿想结束这一切。”乔现在说。

那天的午后，家里出现了一阵敲门声，他不想去理会。但敲门声一直没有停，不管是谁，他肯定没有离开的意思。当他从猫眼向外看时，他看到的是每个成年人最痛苦的噩梦，在他们做了非常错误的事情而被逮到时。警察？不，是他的母亲。

乔的父亲几年前去世了，但丽塔 · 特莫拉的身体一直很健壮，家里有什么事她都能帮忙。“这是真的吗？”她问他。乔点点头。“那就不要再为自己难过了，因为你罪有应得。”

乔没有反驳，但是当听到自己的母亲说出这些话时，他还是异常难受。丽塔没有停下来，“现在你唯一要想的事情就是，你要如何弥补自己的过错，”她说，“以及你应该怎样继续往前走？”她不让儿子再待在他自己的公寓里，不知所措、与世隔绝。丽塔其实并不知道该做什么，但直觉告诉她不能让处于惊吓中的儿子独自坐在家里，反复回想自己造成的可怕局面。

尽管那天已经糟糕透顶了，但接下来的几个月更不好过。乔最终无家可归，名下只有几百美元。他不得不搬去跟母亲一起住，而这却是一件好事，因为丽塔·特莫拉（Rita Temora）就是一个行动派。乔觉得找工作毫无意义，因为没有人会聘请他。他本应该离开这个州，但他负担不起。丽塔没有批评他，而是督促他。“她每天都督促我，”他说，“找个工作吧，什么工作都行。发个简历，打个电话。追踪每个客户，看看谁想要退款，承诺赔偿对方。”乔列出了不满意的客户的名单以及应该付给他们的退款。最多的时候，总额超过了 20 万美元。

丽塔的督促有了回报。乔最终找到了一份工作，在菲尼克斯的一家养老院做护理工人，晚上和周末当班。这个工作很难、很累，薪水也不高。但是它至少是一份工作。“不管怎样，我觉得我就应该倒便盆，清理老人的大便。”他说。6 个月后，他被一家家庭保健产品公司聘请，在菲尼克斯分店销售设备；他没有辞掉护理工人的工作。所以，他全天二十四小时和大部分的周末都在工作。但是赚到的钱仍比不上之前的工作。

在养老院工作一年后，乔攒下了几千美元，他计划用来交购买的二手车的首付款。当他向母亲提起时，无须她说一句话，他就已经知道自己应该做什么了。“一整年的存款，几乎只够支付一位客户的退款。这让我很痛苦，”他说，

“但是我知道这么做是对的。”

现在，距第一次电视新闻报道已经过去 5 年了，乔不再是养老院的护理工人，但是他定期在家附近的养护中心做志愿服务。丽塔过世了。“但她能够看到我重回原点，我很感激。”他说。他仍然在做销售，收入还不错，到目前为止，已经付清了一半的欠款。

当我问乔，他从这次经历中得到的教训是什么时，他说：“第一，就是‘不要欺骗别人’，我真的认识到了这一点。第二，母亲是对的，不要逃避你的麻烦，直面它们。当你慌张到不知所措时，采取行动，任何行动都可以，不要让自己陷进去。”

早期遇到逆境的好处

几年前，有一项非常有趣的调查研究，主要针对于收入在前 2%的群体。这个群体中，32%的人成年前就具有某些突出的优势，如家里有钱、生意场中的人脉广、接受了高等教育或是三者兼具；而 52%的人有某些突出的劣势，如没有接受过正规教育、童年遭受过家庭暴力、身体上有残疾、存在健康问题、暴力、曾被遗弃、极度贫穷或兼具某几个；只有 16%的人有我们所谓的“正常”背景，没有任何特别的优势或劣势。

那……说这些的意义是什么？好吧，在生活的早期，有优势会更好。家里有钱，很好；家族有关系，很好；高等教育，同样好。

然而，对于最终的成功来说，可能最糟糕的是，教育是一般的、普通的、中产阶级的童年，没有任何独特的优势，也没有什么重大的问题。这就是我的理论。如果你在父母的关爱中成长，有一个支持你的大家庭，所处环境也相对舒适，有稳定的社区，有足够的钱来满足你的基本需求和某些你想要的“特别好的”的东西；如果你在学校里受到了不错的待遇，有好朋友；如果你的成绩相对不错，你对自己很满意，那么，你内心就不会有将自己推出舒适区的强烈意愿。

不要误会我；那些条件很好，甚至对于大多数人来说是非常好。但是，在他们的成长过程中，他们不会有那种想要成为更优秀的人、做更多事情、克服什么的内心深处的需求，他们没有你内心所拥有的那种东西。我知道，你一定有，要不为什么偏偏是你在读这本书呢？

所以，从很多方面来看，一个人在生活早期遭遇的逆境其实是一种奖励，是对你在未来的生活中可能经历的事情的训练。如果你很早就知道自己能克服困难，我想那就会成为你最深处的思维模式的一部分，那些思考方式将会为你一生所用。

开始思考

- 过去面对逆境时，你典型的思维/行动模式是什么？
- 这种模式是否有利于你，或者调整这种模式是否能够让你更好地面对逆境？
- 未来面对逆境时，你会如何具体地调整自己的思维/行动方式？

尽快行动

接下来的几周里，请尝试以下行动。留意自己在工作周里可能会经历的他人所带来的厌烦。在这些相对不太严重的情况下，练习你的“情绪曲子”。

- 当有人不停地打断你时。
- 当有人对你严苛或粗鲁时。
- 当有人直接忽视你的观点时。
- 当有人对你说谎，而你又知道时。
- 当有人因为他们没有做过的工作而受到称赞时。
- 当有人把自己的责任推到别人身上时。

在这些情况下，你知道自然的“情绪回声”——基本上会夹杂着失望、生气、受伤、尴尬和不平批评等各种情绪。试着选择自己的“情绪曲子”，一种可能会更体谅他人、更能理解他人和少一些批评的反应。慢慢地，它会帮助你建立新的“情绪影响力”，为未来的逆境（它一定会出现）做充分的准备。

更多内容，请登录 www.workplacepoker. com/decision-making/**网站。**

长期的想法和行动要点

- 当你面对难度较大的职业挑战时，首先问问自己是否可以做些什么来影响这件事。
- 如果你可以采取行动影响这件事，那么迅速采取大量行动。从错误或失误中吸取经验教训，然后作调整，采取更多行动。
- 如果你无法采取行动来影响这件事，记住，你总能控制自己对这件事的情绪反应。不要只是“情绪回声”，选择你自己的情绪曲子。
- 以对自己有利的方式回应日常中令你讨厌和沮丧的事情。通过这种方式，可以逐步提高自身的情绪恢复力。每天，你可以选择：

  用友好和耐心回应沮丧。

  用同情和好奇回应苛刻的评价。

  用积极向上的视角回应失望。

结语

哈迪亚·巴戴尔（Hadia Badrai）毕业于阿富汗的喀布尔大学，获得了计算机工程学位。塔利班①为了报复她父亲和美国武装部队的合作，杀死了她的双亲和弟弟。后来，哈迪亚收到来自南卡罗来纳州格林维尔的一个家庭的资助，移民到了美国。

哈迪亚是一名虔诚的伊斯兰教徒，社区里的人并不欢迎她的到来。起初，她的英语水平低，但她是一家能快速学习的人。她的第一份工作是在当地的一家花店做服务员。作为一名大学毕业生，可能有点儿大材小用，但她很珍惜那次机会。不到6个月，格林维尔的一家技术公司就聘请她为客户技术支持人员。哈迪亚是一位非常有才能的计算机编程员，最终她得到了在公司里充分发挥自己才能的机会。不到4年，她手下一个由开发员组成的小团队，帮助公司推出了一个全新的网上视频聊天系统，而现在这个系统是公司的主要收入来源之一。

哈迪尔工作努力，有天赋也有野心，她最终实现了自己一直期望职业目标。

故事结束。

看到我做了什么吗？

---

① 塔利班发源于阿富汗的坎大哈地区的伊斯兰原教旨主义运动组织。美国等西方国家认定其为恐怖组织。

尽管我们关注了所有可能影响你职业发展的因素，讲述了天赋、努力工作和在高度竞争环境下的野心所带给你的限制，但是有时跟你聊聊优秀的人最终成功的故事，也不错。

这是我对你最深的期望。你从本书中了解到的想法和策略会帮助到你，再加上自身的天赋和努力，你一定会实现你所渴望的那种积极向上、硕果累累的生活。

几年来，我与本书中提及的那些人都见过面，也向他们学到了很多。随着我阅读他人和识别办公室政治的能力的提升，我的事业也呈现向上发展的态势。但当我开始将这两种能力看作职业成功的自然组成部分，而不是我需要不断学习的“额外”技能时，一个重大改变发生了。我了解到，只有我真正掌握了它们，我才能完全接受这些想法。

所以，我鼓励你不要只关注学习，而是要真正掌握这些技能和策略。只有这样，你才能尽快地完全接受它们。

如果你对本书中的某些故事感兴趣，想知道那些人最终的职业成就是什么，请看我的博客 www.workplacepoker.com。此外，我会在这上面更新实现职场成功的新想法和实用方法。我也很愿意听听你的故事，你可以在这个网站上跟我分享。偶尔，我还会与本书中描述的一些人进行“最新的”面谈。

现在，我必须和你们说说来自圣地亚哥的托尼。因为当我开始写这本书时，他正开始锻炼、使用这些技能，所以我非常好奇他现在过得怎么样，不管是生活上还是工作上。我有 20 年没跟他联系了，所以花了很长时间才找到他的联系方式。我不知道自己是否想要知道实情。因为如果托尼现在是一个住在北达科他州寂寞峡谷铁道下的山洞里的无家可归的流浪汉，那么我的全部努力就会被质疑。

好吧，托尼现在过得不错！希望你还记得当时托尼拿下了一份新的不错的工作，而我们其余人还在努力寻找面试机会。在那份工作中，托尼遇到了一位很棒的女孩，现在他们结婚了，而且有三个非常可爱的孩子。几年后，托尼的岳父鼓励他投资西雅图一家小型咖啡公司，这家公司当时即将上市。

这个幸运的浑蛋！

致谢

首先，我要感谢所有与我分享故事的人们。为了保护你们与老板和同事之间的关系，我对你们的身份做了修改。你们愿意与全世界分享自己的经历，让我们从中学到经验教训，对此我十分感激。

这本书从虚无缥缈的概念到最终落实为手稿，我的妻子保拉（Paula）和我的儿子奎恩（Quinn）一直都在承担着“军师”的角色。我们终于可以把餐厅墙上的便利贴全部撕下来了。

拉宾纳文学代理机构的艾瑞克·尼尔森（Eric Nelson）和苏珊·拉宾纳（Susan Rabiner）在这个项目上的付出远远超出了代理人应该做的。他们帮助我完善初始概念和提议，毫无疑问，没有他们，这本书也不会问世。

哈珀柯林斯出版公司的艾瑞克·迈尔斯（Eric Meyers）、霍利斯·海姆鲍奇（Hollis Heimbouch）和科琳·劳里（Colleen Lawrie）在这本书上倾注了大量的时间和精力。他们会温柔地说服我，当然，必要时也会采取强硬手段。

拉里·朱利安（Larry Julian），畅销书《神是我的CEO》（*God Is My CEO*）的作者，陪我全程走过了这本书创作之旅。我们的妻子有时会担心，这两个大男人在周六早晨一小时又一小时地聊些什么——现在她们知道了——大部分内容。

在这本书出版之前，我的父亲富兰克林·D.拉斯特（Fraklin D. Rust）去世了。他和我的母亲达琳·拉斯特（Darlene Rust）在培养一位年轻作家的心灵上功不可没，让他自由探索这个世界，找到自己的方式。我的弟弟大卫·拉斯特（David Rust），我需要公开向他道歉，小时候他总是被我绑到树上，而且他帮助我了解了一个全新的工人世界，这真的扩大了这本书的范围。